Allegria

Die Autorin

Doreen Virtue arbeitet als Therapeutin und mediale Lebensberaterin in Kalifornien. Seit einigen Jahren setzt sie dabei auch ihre Verbindung zum Reich der Engel ein. Sie ist in den USA u. a. durch viele Fernsehauftritte bekannt und gibt regelmäßig Workshops, auch in Europa, in denen sie die von ihr entwickelte Engel-Therapie unterrichtet. Ihre zahlreichen Lebenshilfe-Bücher sind bereits in 14 Sprachen erschienen. Weitere Informationen zu ihrer Arbeit finden Sie unter: www.angeltherapy.com

Von Doreen Virtue sind in unserem Hause erschienen:

Erzengel Michael (Allegria) – *Chakra Clearing* (Allegria)
Engel-Notruf (Allegria) – *Feen-Notruf* (Allegria)

Der Tempel der Engel – Medizin der Engel – Erzengel und wie man sie ruft – Botschaft der Engel – Die Zahlen der Engel – Die Heilkraft der Engel – Die Heilkraft der Feen – Engel Gespräche – Neue Engel-Gespräche – Engel der Erde – Dein Leben im Licht – Das Heilgeheimnis der Engel – Zeit-Therapie – Kristall-Therapie – Engel-Hilfe für jeden Tag – Die neuen Engel der Erde – Der Hunger nach Liebe

Rückführung mit den Engeln (CD) – Erzengel Michael (CD) – Das Geschenk der Engel (CD) – Medizin der Engel (CD) – Die Engel von Atlantis (CD) – Die Engel der Liebe (CD) – Heilkraft der Engel (CD) – Himmlische Helfer (CD) – Heilgeheimnis der Engel (CD)

Das Erzengel Michael-Orakel (Kartendeck)– Das Engeltherapie-Orakel (Kartendeck) – Das Engel-Orakel für jeden Tag (Kartendeck) – Das Heil-Orakel der Feen (Kartendeck) – Das Erzengel-Orakel (Kartendeck) – Das Heil-Orakel der Engel (Kartendeck) – Das Orakel der himmlischen Helfer (Kartendeck) – Das Einhorn-Orakel (Kartendeck) – Magisches Orakel der Feen (Kartendeck)

Angel Reading (DVD)

Doreen Virtue

Der Tempel der Engel

Die geheime Geschichte der Königin von Saba

Aus dem Amerikanischen
von
Angelika Hansen

Ullstein

Besuchen Sie uns im Internet:
www.ullstein-taschenbuch.de

Allegria im Ullstein Taschenbuch
Herausgegeben von Michael Görden

Aus dem Amerikanischen übersetzt von Angelika Hansen
Titel der Originalausgabe
SOLOMON'S ANGELS
Erschinen bei Hay House, Inc., Carlsbad, USA

FSC
Mix
Produktgruppe aus vorbildlich bewirtschafteten Wäldern und anderen kontrollierten Herkünften
www.fsc.org Zert.-Nr. SGS-COC-001940
©1996 Forest Stewardship Council

Dieses Taschenbuch wurde auf FSC-zertifiziertem Papier gedruckt.
FSC (Forest Stewardship Council) ist eine nichtstaatliche, gemeinnützige Organisation, die sich für eine ökologische und sozialverantwortliche Nutzung der Wälder unserer Erde einsetzt.

Ullstein Taschenbuch ist ein Verlag der Ullstein Buchverlage GmbH
Neuausgabe im Ullstein Taschenbuch
1. Auflage Juni 2010

Umschlaggestaltung: FranklDesign, München
Titelabbildung: Marius Michael-George/www.MariusFineArt.com
Satz: Pinkuin Satz und Datentechnik, Berlin
Gesetzt aus der Goudy Old Style
Papier: *Pamo Super* von Arctic Paper Mochenwangen GmbH
Druck und Bindearbeiten: GGP Media GmbH, Pößneck
Printed in Germany
ISBN 978-3-548-74498-8

Danksagung

Ich möchte Reid Tracy und Ileen Maisel dafür danken, dass sie mich zum Schreiben dieses Buches ermutigt haben. Dadurch hat sich für mich ein lang gehegter Traum erfüllt, einen auf historischen Fakten basierenden spirituellen Roman zu schreiben. Ich war überrascht, als ich mich zum ersten Mal hinsetzte, um einen Entwurf für dieses Buch zu machen und die Stimme von Königin Makeda durch mich sprach, da ich plante, das Buch sowohl aus ihrer Perspektive als auch der von König Salomon zu schreiben. Doch sobald sie sprach, wusste ich, dass ein Bericht in der Ich-Form die richtige Herangehensweise war.

Ich hatte von anderen Autoren gehört, dass Charaktere in einem Roman ihr eigenes Leben annehmen und die Richtung des Buches diktieren. Das war auch hier tatsächlich der Fall! Die starken Persönlichkeiten von Königin Makeda, König Salomon, Tamrin und der Erzengel übernahmen die künstlerische Führung, die ich zu haben glaubte, und zwar von der ersten Seite an. Ich habe einfach nur ihren Handlungen zugesehen und sie so gut beschrieben, wie ich konnte.

Die Arbeit an diesem Buch hat mir große Freude bereitet, und ich hoffe, dass Sie die Lektüre genießen werden!

In Liebe
Doreen

Vorwort

Ich war schon immer von machtvollen Frauen fasziniert, die die Welt verändert haben, sei es Johanna von Orleans, die heilige Bernadette von Lourdes, Mutter Teresa, Amelia Earhart oder die amerikanischen Frauenrechtlerinnen Alice Paul und Lucy Burns.

Die Legenden um die Königin von Saba haben mich schon immer begeistert. Es sind die Geschichten von einer jungen und schönen Frau, die über eine äußerst wohlhabende und friedliche Nation herrschte und im 10. Jahrhundert vor Christus eine lange, entbehrungsreiche Reise auf sich nahm, um den weisen, sagenumwobenen König Salomon zu besuchen. Vermutlich grenzt mein begeistertes Interesse an der Entwicklung der Spiritualität und Religion in der Menschheitsgeschichte an Besessenheit. Neunzig Prozent der Bücher, Videos und DVDs in meiner persönlichen Bibliothek handeln von diesem Thema! Ich liebe es, mich darüber zu informieren, auf welche Weise unterschiedliche Religionen entstanden und sich entwickelten.

Durch das Schreiben an diesem Buch konnte ich meiner Leidenschaft nachgehen, mich endlose Stunden lang mit antiken Schriften und Texten zu beschäftigen, Fakten zu prüfen und jüdische, jemenitische, äthiopische, islamische und andere Legenden über König Salomon und die Königin von Saba zu vergleichen. Ein Großteil der Informationen über diese beiden legendären Persönlichkeiten ist spekulativer Natur, da sie sowohl in der Bibel als auch in Büchern von Historikern wie beispielsweise Josephus nur kurz erwähnt werden. Da tatsächliche biographische Einzelheiten über die Königin von Saba und König Salomon nur spärlich vorhanden sind, konzentrierte sich ein Großteil meiner Recherchen auf Legenden aus alten jüdischen Texten, den jemenitischen, islamischen und äthiopischen Kulturen; sowie Texten und Vorträgen der Freimaurer.

Beim Schreiben dieses Buches empfing ich darüber hinaus viele Informationen im Schlaf. Zum Beispiel wachte ich eines Tages beim Klang einer männlichen Stimme aus einem Nachmittagsschlaf auf, die ich als Erzengel Michael erkannte, der mich über die Schwingungseigenschaften des Universums aufklärte. Ich war erfreut und verblüfft, wie häufig sich später herausstellte, dass die Informationen, die ich auf diese Weise erhielt, mit den Berichten in den historischen Texten übereinstimmten. Also fasste ich alle Daten – ob durch Träume, Channeling oder aus alten Schriften erhalten – als Hintergrund für die Geschichte dieses Buches zusammen.

* * *

Die Königin von Saba war eine junge Frau namens Makeda (manchmal auch Balquis oder Balkis genannt), die mit ungefähr 16 Jahren nach dem Tod ihres Vaters den Thron bestieg. Ihr Herrschaftsbereich, bekannt als Saba' oder Sheba, setzte sich aus den östlichen und westlichen Regionen der Landmasse zusammen, die das südliche Ende des Roten Meeres umgeben. In den alten Städten Aksum in Äthiopien und Ma'rib im Jemen finden sich auch heute noch archäologische Beweise für die Tempel, die Paläste und den Reichtum ihres Volkes.

Aus biblischen Quellen wissen wir, dass die Königin eine sehr schöne dunkelhäutige Frau war (obgleich viele Legenden die missgestalteten Füße der Königin und ihre Verbindung zu der Elementarebene der Djinn erwähnen). Die Intelligenz, mit der sie eines der friedlichsten Länder ihrer Zeit regierte, zeigte sich auch in ihrer Absicht, das Wissen des weisen Königs Salomon auf die Probe zu stellen, indem sie ihm verschiedene Rätsel aufgab.

Die Berichte über den bewunderten, charismatischen und mächtigen König Salomon heben in der Regel seine Weisheit und die berühmte Geschichte hervor, in der er kühn das Schicksal zweier Frauen entschied, die sich um einen Säugling stritten. Ich habe es vermieden, die altbekannten Legenden neu zu erzählen und mich stattdessen darauf konzentriert, den Charakter und das Wesen eines Mannes einzufangen, der in einer Zeit großer Umwälzungen, die in seiner Familie und seinem Königreich geschahen, geboren wurde. Auch die alten Legenden über seine Beziehung zu den Engeln und Vögeln waren bei der Erzählung seiner Geschichte wesentlich. Darüber hinaus finden sich überall im Buch immer wieder die tiefgründigen Sprichworte dieses weisen Königs.

Auch die Freimaurer haben zahlreiche Geschichten über die bedeutungsschwere Begegnung eines Königs und einer Königin berichtet, über ihre Dreiecksbeziehung mit einem Architekten und die Geheimnisse der Konstruktion des Tempels von Salomon. Diese unterschiedlichen Legenden über König Salomon und die Königin von Saba sind in diesem Buch zu einer Erzählung zusammengeführt worden.

1. Kapitel

Am Anfang habe ich darum gekämpft, meine Emotionen zu kontrollieren. Er ist unwichtig, sagte ich mir selbst und gab vor, unnahbar zu sein.

Ich habe sogar willentlich meinen Atem und Herzschlag dazu gebracht, sich zu entspannen. Doch dann schaute ich in seine Augen, wurde schwach und gab jeden Widerstand auf.

Seine Augen strahlten mit brillanter Intelligenz und poetischer Verspieltheit. Mein Herz pochte laut gegen seine Brust, als er mich in den Sandelholzduft seiner Arme hineinzog – ich fürchtete, das laute Schlagen meines Herzens könnte die viel zu früh erwachte Intensität meiner Leidenschaft für ihn verraten – schließlich waren wir uns eben erst begegnet. Ein unwiderstehliches Gefühl der Wonne ergriff mich, gefolgt von Angst und dem lauten Ton meines eigenen Herzschlags …

Als ich mir die goldene Seidendecke vom Kopf zog, fielen Dutzende leuchtend bunt bestickter Kissen auf den Boden. Der laute Ton war immer noch da, als ich zögernd meine Augen öffnete. Ich starrte in die Mitte des runden Baldachins über mir. Farbenfroh wie ein feuriger Sonnenuntergang umhüllte das weiche Netz mein Bett wie Sonnenstrahlen. In Sommernächten war es nur dieses Netz, das die stechenden Insekten abhielt. Ich dachte an den Mann in meinem Traum und schloss die Augen, bis sich der Ton wiederholte. Jetzt war ich wach genug, um zu erkennen, dass es sich um ein Klopfen an meiner Tür handelte.

»Königin Makeda?«, rief meine Zofe Sarahil ängstlich, als ich nicht sofort antwortete.

»Es ist gut. Komm herein«, antwortete ich mit einem Seufzer. Leise betrat Sarahil den Raum und bückte sich, um meine Kissen aufzuheben. Sie hatte ihr kurzes dunkles Haar im Nacken zu einem festen Knoten zusammengebunden. Um ihre füllige Taille trug sie eine Schürze.

»Sarahil, ich verstehe nicht, warum ich immer wieder von diesem Mann träume. Wer ist er?«

Sarahil war meine Amme gewesen, und ich kannte sie, solange ich zurückdenken konnte. Sie war zwanzig Jahre älter als ich, und ich verließ mich seit jeher auf ihren klugen Rat. Schließlich hatte ich als heranwachsende Prinzessin nie die Gelegenheit, mit Vertretern des anderen Geschlechts zusammenzukommen – abgesehen von meinem Vater und meinen Brüdern. Dabei hatte ich wie vermutlich alle jungen Frauen in meinem Alter oft über dieses Thema nachgedacht. Und jetzt, wo ich Königin war – nach dem Tod meines Vaters zwei Jahre zuvor – würde ich nie die Möglichkeit haben, mich zu verlieben oder zu heiraten. Der Grund dafür waren die Bräuche und spirituellen Gesetze meines Landes, die mir auferlegten, während meiner Herrschaft Jungfrau und unverheiratet zu bleiben. »Ihr seid jetzt und für alle Zeiten mit Almaqah, dem Sonnengott, verheiratet«, hatten meine Priester während meiner Krönung betont.

Als Sarahil mich in warmem, mit kostbaren Ölen und duftenden Blüten parfümiertem Quellwasser badete, erinnerte ich mich an etwas aus meinem Traum. »Er duftete nach Sandelholzöl«, sagte ich laut.

»Wer duftete nach Sandelholzöl, Königin Makeda?«

»Der Mann in dem Traum, Sarahil! Oh, wie sehr wünschte

ich, dass Mutter hier wäre! Sie wusste um die Bedeutung und den Sinn jedes Traums.«

»Das stimmt, Eure Mutter hatte magische Fähigkeiten …«

»Du kannst es ruhig aussprechen, Sarahil. Meine Mutter war ein Dschinn!«

»Sie mochte den Namen nie, Herrin. Sie zog den Begriff *Genie* vor, weil er ihrer Meinung nach königlicher und würdevoller klang als Dschinn, die von den meisten Menschen für kleine Übeltäter und Unruhestifter gehalten werden. Und manche behaupten sogar, dass sie *böse* sind!«

»Die meisten Menschen wissen eben nicht, dass es fünf verschiedene Arten von Dschinn gibt. Sie verwechseln uns gerne mit den moralisch verdorbenen Ghuls und Shaytan. Vielleicht hatte Mutter recht! Wir brauchen *tatsächlich* einen anderen Namen für die Dschinn, da wir zu denen gehören, die immer versuchen, das Richtige zu tun.«

Sarahil rieb meine Füße mit besonders viel Öl ein – als könnte diese Behandlung dafür sorgen, dass meine Dschinn-Füße normal aussehen – und entfernte liebevoll die fellartige Behaarung von meinen vier Zehen. Doch wie viel Öl sie auch nahm, es war Sarahil dennoch nicht möglich, meine missgestalteten Füße zu verbergen, die meine Dschinn-Herkunft verrieten. Sie eigneten sich hervorragend, um auf Bäume zu klettern, barfuß heiße, steinige Wege hinunterzugehen und Feuer auszustampfen. Doch als junge Königin, die über eines der größten Reiche am Roten Meer herrschte, wünschte ich mir mehr als alles andere auf der Welt normale Füße mit fünf Zehen.

Nun, beinahe *mehr als alles andere*, dachte ich, als ich mich wieder an meinen Traum erinnerte. Sarahils Augen blickten in weite Ferne, während sie meine Füße massierte, und ich wusste, dass sie wie so oft mit Wehmut an meine Mutter dachte. Bald hatte das wohlige Gefühl ihrer Fußmassage meinen Geist von dem seltsamen Traum abgelenkt …

Schließlich wandte Sarahil ihre Aufmerksamkeit erneut mir zu. »Es ist Zeit, Euch anzukleiden, Königin Makeda. Hauptmann Tamrin kommt heute zurück, und er möchte Euch den offiziellen Bericht über seine Reise geben.«

Sie hob meine Katze Abby auf und zog meine Ringe von ihrem Schwanz. Abby hatte den längsten, dünnsten Schwanz aller unserer Palastkatzen und liebte es, mit meinen Ringen auf ihrem hoch aufgerichteten Schwanz herumzustolzieren, während ich ein Band nahm. Ihre riesigen Ohren zeigten himmelwärts, als sie mich anschaute und zu schnurren begann.

Während Sarahil mich mit einem dicken, flauschigen Handtuch abtrocknete, berührte ich mit meinen Fingern den roten Stein, der an einer goldenen Kette um meinen Hals hing, ein Geschenk meines sterbenden Vaters, das ich seither nie abgelegt hatte. Sarahil nahm knisternde grüne Seide, die sie eng um meine Brust und Arme wickelte und von der Taille abwärts lose zu Boden fallen ließ. Es war eines von zahllosen handgefärbten Gewändern, die meine schokoladenbraune Haut und rabenschwarze Mähne noch besser zur Geltung bringen sollten. Jedes dieser Gewänder reichte bis auf den Boden, um meine verunstalteten Dschinn-Zehen zu bedecken.

Ungeduldig erlaubte ich Sarahil, parfümierte *Unguent*-Crème auf mein Gesicht aufzutragen, um meine junge Haut vor der stechenden Sonne und der trockenen Luft zu schützen. *Unguent* war das einzige Mittel, das die Gesichter der Wüstenfrauen jung und prall aussehen ließ. Doch als sie mir die Augen mit Kohl umranden wollte, war ich mit meiner Geduld am Ende und erhob mich.

»Also, wann werde ich Tamrin sehen und alles über seine

letzten Abenteuer hören?«, fragte ich unruhig. Tamrins Geschichten darüber, wie er unsere Königliche Handelskarawane durch die Wüste führte, waren immer äußerst unterhaltsam. Außerdem stellten sich seine Exkursionen stets als sehr profitabel heraus, da Tamrin dafür sorgte, dass unsere Schatztruhen immer mit Gold und importierten Produkten angefüllt blieben. Er reiste per Schiff und Kamelkarawane durch ganz Afrika und Asien, um unser rotes Gold, Zedernholz, Marmor, Weihrauch, Myrrhe und andere Kostbarkeiten zu verkaufen und einzutauschen.

»Gleich nach dem Frühstück«, antwortete Sarahil, als sie mich zu dem Esstisch führte, auf dem bereits diverse Köstlichkeiten standen. Hungrig häufte ich die Fava-Bohnenpaste auf mein Fladenbrot. Ich wischte meinen Mund ab und schaute mich nach Sarahil um. *Warum verschwand sie immer, wenn ich etwas aß?*

Zwei Schritte vor der Tür zum Garten war Sarahil plötzlich wieder neben mir und hakte sich bei mir unter. »Lasst mich Euch anschauen«, sagte sie und drehte mein Gesicht zu ihr. »Hmm, ein bisschen Wilde-Iris-Mischung wird Eure herrlichen Lippen wieder ganz zum Leben erwecken.« Sarahil tauchte ihren Finger in das offene Glasröhrchen, das sie in der Hand hielt, und rieb die Substanz auf meine Lippen.

»Au!« Ich drückte meine Finger gegen meine Lippen in der Hoffnung, die brennenden Stiche zu stoppen, die sie anschwellen und dunkler werden ließen.

»*Jetzt* seid Ihr bereit, ihm gegenüberzutreten«, sagte Sarahil ungewohnt autoritär, während wir auf meine Lieblingsbank neben dem blühenden Rosenstrauch zugingen. Ich schloss meine Augen und atmete tief ein, doch anstatt des Rosenduftes nahm ich den von Sandelholz wahr. Träumte ich schon wieder …?

»Ihr habt doch nicht geglaubt, ich hätte Euren Geburtstag

vergessen, meine Königin?«, unterbrach mich eine männliche Stimme in meinen Gedanken.

»Tamrin!« Ich schlang auf sehr unkönigliche Weise die Arme um seinen Hals. Tamrin war für mich wie ein Lieblingsonkel, der mir immer exotische Geschenke von seinen Reisen mitbrachte und mich mit faszinierenden Geschichten unterhielt. Er hob mich hoch und wirbelte mich herum.

»Balkis!«, rief er auf seine warme, zärtliche Art, indem er den Kosenamen benutzte, den nur sehr wenige kannten und bei dem mich so gut wie niemand zu nennen wagte. Tamrins kräftige Stimme klang wie ein tiefer Bariton. »Herzlichen Glückwunsch zum siebzehnten Lebensjahr, meine Königin!«

Bevor ich überhaupt die Gelegenheit hatte, das Geschenk zu bewundern, legte mir Tamrin eine mit Smaragden übersäte, filigrane Goldkette um den Hals, über die Kette meines Vaters. Als ich herabschaute, sah ich, dass sie bis in meinen Ausschnitt reichte. Tamrin fing meinen Blick auf und lächelte. Mein Körper war während Tamrins Abwesenheit weiblicher geworden.

»Nun, die gute Nachricht ist, dass wir auf dieser Reise nur einen einzigen Mann und ein paar Kamele verloren haben«, begann er seinen Bericht, als er sich neben mich auf die Bank setzte. Normalerweise brauchte ich viel Raum zwischen mir und anderen Menschen, doch bei Tamrin war es anders. Tatsächlich waren Tamrin und Sarahil seit dem Tod meiner Eltern so etwas wie meine Ersatzfamilie geworden.

»Wo bist du gewesen?« Ich kreuzte meine Beine auf dem seidenen Kissen und lehnte mich nach vorne, um ja kein Detail von Tamrins Reiseerlebnissen zu verpassen.

Tamrin lächelte, und wie gewöhnlich verschwanden seine Augen hinter seinen runden, roten Wangen. Seine Augen erinnerten mich stets an zwei Mondsicheln, die auf dem Kopf standen.

»Ich bin soeben aus einem Land mit Namen Israel und seiner Hauptstadt Jerusalem zurückgekehrt. Der König von Israel hat einen Großteil unserer Güter gekauft und sendet Euch und unserem Volk Geschenke.«

So sehr ich mehr über die Geschenke hören wollte – meine Neugier auf Tamrins Reiseerlebnisse war größer. Da ich Sheba noch nie verlassen hatte, konnte ich kaum erwarten, die Welt durch seine Erzählungen kennenzulernen.

»Die Reise war in erster Linie gefährlich, Königin Balkis. Solche Abenteuer sind nichts für eine Dame.« Tamrin strich über seinen sauber gestutzten Bart, der seit seinem Fortgang Monate vorher sichtlich grauer geworden war. Auch die Linien um seine Augen hatten sich vertieft. Armer Tamrin. Er liebte es so sehr, auf Reisen zu gehen, doch um welchen Preis für seinen eigenen Körper und seine Gesundheit?

Tamrin fuhr mit seinen Schilderungen fort: »Fast 1500 Meilen Sand, Wind, stürmische See und gelegentliche Überfälle von Banditen. Die Schiffe überstanden die raue See ohne größere Schwierigkeiten, doch die Männer und Tiere mussten wegen der Strapazen öfter ausruhen, was unser Fortkommen verlangsamte. Wir hatten sechs Monate für die Reise geplant, doch aufgrund des Monsuns und weil der König uns einige Zeit als seine Gäste beherbergen wollte, sind wir mehr als ein Jahr lang unterwegs gewesen!«

Ein ganzes Jahr! War es wirklich schon so lange her gewesen, seit ich das letzte Mal Tamrins faszinierenden Erlebnissen zugehört hatte? Kein Wunder, dass ich danach dürstete, seine Geschichten zu hören.

»Bitte erzähl mir, wie der König euch aufgenommen und bewirtet hat, Tamrin«, bettelte ich. In Königshäusern war es Brauch, Würdenträger als ihre Gäste zu empfangen. Ich würde dasselbe tun, wenn die Karawane des Königs jemals unser Land besuchte.

»Ah, es war vom ersten Tag an eine großzügige, ja verschwenderische Angelegenheit! Die erlesensten Speisen wurden auf goldenen Tabletts von Dienern serviert, die sich durch die feinsten Umgangsformen auszeichneten und den Eindruck machten, dass sie ihre Arbeit wirklich gern taten. Der König liebt Musik, Gesang, Poesie und Tanz, daher wurden alle unsere Mahlzeiten von der wunderbarsten Unterhaltung begleitet. Zudem war es sehr unterhaltsam, den König bei seiner Arbeit zu sehen. Selbst in seinen noch jungen Jahren hat er bereits einen weithin bekannten Ruf als Weiser gewonnen.« Tamrin lehnte sich zu mir herüber und flüsterte: »Außerdem sagen sie, dass der König über magische Kräfte verfügt!«

Ich stellte mir einen graubärtigen Magier vor, der auf seinem Thron sitzt und Zaubersprüche und weise Äußerungen von sich gibt. »Wie alt ist er?«, wollte ich wissen.

»Der König von Israel hat seinen Thron erst vor Kurzem bestiegen, und genau wie Ihr ist er noch sehr jung«, erwiderte Tamrin. »Sein Vater, König David, war ein großer Mann von legendärem Ruf. Im Gegensatz zu Euch, meine Königin, erbte dieser die Krone nicht, sondern gewann sie durch einen Wettbewerb, bei dem er einen Riesen tötete.«

Ich erschauerte. Jeder hatte Angst vor Riesen, die sich nicht wie Menschen, sondern wie wilde Tiere aufführten. Jemand hatte mir einmal erzählt, dass er der Nachkomme eines unheimlichen Wesens aus dem Geschlecht der *Watchers* war, die sich mit sterblichen Frauen paarten. Ich fragte mich, ob das stimmte.

Tamrin fuhr fort: »David war ein einfacher Schafhirte, der mutig beschloss, den Hebräern zu helfen, ihre Schlacht gegen die Philistiner zu gewinnen. Er tötete den Riesen mit einem Stein, den er aus einer Schleuder abschoss. David wurde umgehend zu einem Helden, dessen Namen bald alle kannten, und zu seinen vielen Bewunderern gehörte auch die Tochter des israelischen Königs Saul. König Saul war eifersüchtig auf David, daher forderte er ihn auf, eine unmöglich scheinende Aufgabe zu lösen. Zur Belohnung sollte er die Hand seiner Tochter erhalten. David, der immer optimistisch war, erledigte diese Aufgabe erfolgreich und wurde somit der Schwiegersohn des Königs. David trat weiterhin als mutiger Krieger hervor, was ihn beim Volk immer beliebter machte und den Neid des Königs steigerte.

Nachdem König Saul beschloss, seinen Rivalen umzubringen, floh David. Er lebte, wo immer es ihm möglich war, sogar eine Zeit lang unter den Philistinern und dann in einer Höhle! Er freundete sich mit den Propheten an, vor allem mit einem besonders berühmten namens Samuel, der behauptete, dass es der Wille des Gottes der Israeliten war, dass David den Thron von Saul übernähme. Das machte Saul noch wütender, der die Verfolgung Davids mit größeren Anstrengungen fortsetzte und ihn um jeden Preis töten wollte. Doch Samuels Prophezeiung war eindeutig: Saul würde im Kampf fallen, und David würde seine Krone und seinen Thron gewinnen.

Und tatsächlich kämpfte Saul eines Tages in einer grausamen Schlacht. Als er in Todesgefahr schwebte, versuchte er zu flüchten, um sich in Sicherheit zu bringen. Allerdings spitzte sich seine bedrohliche Lage weiter zu, da er seinen Rückzug ohne den Schutz seiner Soldaten angetreten war. Alleine auf dem Schlachtfeld, dem Feind wehrlos ausgeliefert, wurde Saul getötet. Davids eifrige Bewunderer halfen, Samuels Prophezeiung zu erfüllen, und er wurde zum König ernannt.«

Ich war mir sicher, dass die Geschichte damit noch nicht zu Ende war, und bat Tamrin, mir mehr zu erzählen.

»Das ist genug für heute, Prinzessin – ich meine Königin – Balkis.« Nach zwei Jahren hatte sich Tamrin noch immer nicht daran gewöhnt, mich bei meinem neuen Titel zu nennen. Er streichelte mir über den Kopf, bevor er sich erhob. »Ich muss mich um meine Männer und die Kamele kümmern.«

»Warte!«, bettelte ich und zog an Tamrins Hemd, als er davongehen wollte.

»Ich werde dir morgen früh mehr erzählen«, versprach er, bevor er um die Ecke bog und den Garten verließ. Was für ein Mann, der die natürliche Autorität besaß, ehrlich und direkt zu sein, ohne mich zu kränken! Ich berührte die Smaragdkette an meinem Hals und ging hinüber zu meiner schlafenden Löwin Orit, die zu schnurren begann, als ich sie streichelte.

In jener Nacht ging ich früh zu Bett, da dies eine gute Möglichkeit schien, die Zeit schneller vergehen zu lassen, damit ich bald mehr von Tamrins Geschichten hören konnte. Visionen des magischen Königreichs von Israel spielten sich in meinem Kopf ab. Ich stellte mir vor, wie ich dieses Land eines Tages selbst besuchen würde, wenngleich ich wusste, dass meine Beschützer mir nie erlauben würden, die Grenze von Sheba zu überschreien. »Zu viel steht auf dem Spiel!«, würden sie warnen.

Wir waren ein wohlhabendes Volk, reich an kostbaren Metallen, Steinen, Gewürzen und Ölen. Unsere Wasserbasins waren immer voll, dank unseres Wadi Dhana-Wasserlaufes und des Marib-Dammes, der unsere Felder bewässerte und unseren Familien Trinkwasser lieferte. Da unser Land glücklicherweise am unteren Ende des Roten Meeres lag, war es für Eindringlinge zu isoliert, und wir hatten uns seit fünfhundert Jahren eines Lebens voller Frieden und Wohlstand erfreut.

Als Mitglied der königlichen Familie wurden alle meine Bedürfnisse erfüllt. Ich wurde gebadet, man bereitete mir köstliche Speisen und hüllte mich in die edelsten Gewänder. Ich musste weder arbeiten noch für irgendetwas bezahlen. Sicher, ich musste langweilige Sitzungen über mich ergehen lassen, wo es um die Belange meiner Diener und Palastangestellten ging, musste Dokumente signieren und gelegentlich diplomatische Entscheidungen treffen, doch im Grunde genommen konnte ich tun, was ich wollte und wann immer ich es wollte. Eigentlich hätte ich dankbar sein und mich meines Glückes freuen sollen, doch ich empfand dies nicht. Irgendetwas fehlte in meinem Leben … aber was?

2. *Kapitel*

Ich suchte in meinen Träumen nach ihm. Wo war er? War es nicht Zeit für unser nächtliches Rendezvous? Und dann, kurz bevor der Tag anbrach, sah ich ihn. Mein Herz machte einen Freudensprung, als ich in seine Arme lief und mein Gesicht an seiner Schulter vergrub. »Halte mich, flehte ich ihn an. Er zog seine Arme enger um mich, und ich fühlte mich in Sicherheit, beschützt und geliebt. Ich verschmolz mit seiner Sandelholzaura und fiel endlich in einen tiefen Schlaf …

Und wieder wurde unsere Umarmung von störenden Geräuschen unterbrochen. Dieses Mal war es jedoch nicht Sarahil, die an die Tür klopfte. *»Oop! Oop! Oop!«*, rief es von draußen. Meine Katze Abby sprang auf das Fensterbrett, um zu sehen, was da los war.

»Sarahil!«, rief ich.

Sie war sofort zur Stelle. »Ja, Majestät?«

»Hörst du das Geräusch?«

Und wie bestellt ließ sich wieder das *»Oop! Oop! Oop!«* vernehmen. Sarahil ging zum Fenster und lehnte sich hinaus. »Oh, es ist ein wunderschöner Vogel, Königin Makeda!«

»Oop! Oop! Oop!« Der eigenartige Klang hörte nicht auf. Abby fauchte und gab dem Vogel durch warnende Geräusche zu verstehen, dass er hier nicht erwünscht war.

Ich lief zum Fenster, um selbst nachzuschauen. »So etwas

habe ich noch nie gesehen!«, entfuhr es mir. Der erdbeerfarbene Kopf des Vogels war von einer Federkrone bedeckt, deren schwarze Enden spitz zuliefen, während seine Flügel und sein Schwanz gestreift waren wie das Fell eines Zebras.

»Oh, wie wunderschön er ist!«, staunte ich, als der Vogel seine Flügel ausbreitete und sich auf einem Baum in meinem Garten niederließ.

Der Blick in den Garten erinnerte mich an meine nächste Begegnung mit Tamrin, wo ich mehr über das Königreich von Israel erfahren würde. »Wann wird Tamrin hier sein?«, fragte ich.

»Gleich nach dem Frühstück«, erwiderte Sarahil und bürstete meine langen Haare zu einer Innenrolle. Dann nahm sie ein paar Orchideen und befestigte sie unter der edelsteinverzierten goldenen Krone in meinem Haar. Ich versteckte die Halskette meines Vaters unter meinem Kleid und legte Tamrin zu Ehren (und, ich gebe es zu, um ihn zu ermutigen, mir weiterhin Geschenke zu bringen!) mein neues Smaragdhalsband an.

Tamrin hatte bereits Platz genommen und wartete auf mich, als ich nach dem Frühstück hinaus in den Garten trat. Und auch der gestreifte Vogel war da und saß in dem Rosenbaum über der Bank. *»Oop! Oop! Oop!«*, rief er.

»Wie bemerkenswert,« sagte Tamrin beim Anblick des Vogels. »Er sieht dem Vogel unglaublich ähnlich, den ich immer wieder in Israel gesehen habe. Ich glaube, sie nennen ihn ›Hoopoe‹. Angeblich sind diese Vögel sehr klug und zeichnen sich durch magische Fähigkeiten aus.«

»Also meiner Meinung nach ist er einfach nur dumm«, unterbrach ich ihn. »Er spioniert uns nicht nur aus, sondern hält dich davon ab, mir deine Geschichte weiterzuerzählen!« Während ich diese Worte sagte, hätte ich schwören können, dass der Vogel mir einen bösen Blick zuwarf!

»Salomon würde den Vogel einfach nach dem Grund seines Verhaltens fragen«, ließ Tamrin sich vernehmen.

»Wer?«

»Salomon – König Salomon«, antwortete Tamrin, als müsste ich wissen, um wen es sich handelte. »Er ist der König von Israel, das Land, aus dem ich gerade zurückgekehrt bin.«

Tamrin hatte eine Handelsflotte von dreiundsiebzig Schiffen geleitet, voll beladen mit Männern, Kamelen und Waren. Sie waren das Rote Meer hinaufgesegelt und hatten dann Anker geworfen, um mit ihren Kamelen zum herrschaftlichen Palast zu reiten, wo sie von König Salomons Männern erwartet wurden. Tamrin hatte ihnen sämtliche Waren verkauft, zu denen kostbare Metalle, Seide, Zedernholz, Edelsteine und Gewürze gehörten. Die Gewinne würden unserer ohnehin blühenden Wirtschaft weiteren Reichtum bringen.

»Und warum sollte ein reicher König mit einem Vogel sprechen?«, wunderte ich mich laut.

»König Salomon ist ein sehr vielschichtiger Mann voller Geheimnisse. Kein Wunder, dass alle Frauen ihn begehren.« Tamrin sah mir direkt in die Augen, um zu sehen, wie ich auf seine Worte reagierte.

Ich tat so, als wäre ich nicht im Geringsten beeindruckt, wenn ich auch innerlich äußerst fasziniert war. »Hmm«, entgegnete ich so gespielt gleichgültig, wie ich konnte. Doch innerlich flehte ich Tamrin an, mir mehr zu erzählen.

»Ich kann sehen, dass Ihr nicht wirklich daran interessiert seid, mehr darüber zu hören.« Tamrin hatte mein Täuschungsmanöver durchschaut und gab vor, sich verabschieden zu wollen.

»Warte!«, rief ich lachend, »Ich *befehle* dir, mir mehr zu erzählen!«

Tamrin lächelte und fuhr fort: »König Salomon ist dabei, einen riesigen, reich verzierten Tempel für die heiligen

Kunstschätze seiner Religion errichten zu lassen. Beim Bau dieses heiligen Ortes werden unser Zedernholz, unser rotes Gold und unsere Edelsteine benötigt. Tatsächlich kauft der König Gegenstände und Materialien von Kaufleuten aus aller Herren Länder.«

»Das muss ja ein ganz besonderer Tempel sein, den er da baut!«, murmelte ich leise, da ich den Fluss von Tamrins Worten nicht unterbrechen wollte.

»O ja, meine liebe Balkis«, nickte Tamrin, »es ist so viel mehr als ein Tempel. Damit Ihr es besser verstehen könnt, muss ich Euch zuerst den Grund für dieses Projekt erklären.«

Ich stopfte mir zwei weiche, runde Leinenkissen hinter den Rücken und machte es mir bequem, um die Geschichte zu hören.

»Ein Mann namens Moses wanderte einst durch die Wüste von Ägypten nach Israel«, begann Tamrin. »Er führte eine Gruppe von Sklaven in die lang ersehnte Freiheit. Moses konnte die große göttliche Stimme hören. Indem er ihrer Führung folgte, war er in der Lage, seine Gruppe während ihrer langen Reise zu ernähren und zu schützen. Die große göttliche Stimme materialisierte sich oft auf wundersame Weise, unter anderem, indem sie Moses zwei Steintafeln überreichte, in die Worte geritzt waren.«

»Welche Worte waren das?« Ich lehnte mich näher zu Tamrin.

»Die große göttliche Stimme gab Moses und seinen Gefolgsleuten eine Reihe von Anweisungen, die heute als die ›Zehn Gebote‹ bekannt sind. Die Steintafeln waren ein Wunder, weil es sich bei ihnen um eine Materialisierung der Stimme handelte. Moses und seine Gefolgsleute glauben bis zum heutigen Tag, dass es nur einen Gott gibt, den sie mit einem großen ›G‹ schreiben. Ihr Gott ist männlich, und sie nennen ihn Adonai oder Yahweh. Er schafft und herrscht über alles.

Sie glauben, dass er sie beschützt und über sie wacht, wenn sie ihn anbeten und die Zehn Gebote befolgen. Ihr Gott schickt außerdem Wesen auf die Erde, die *Engel* genannt werden, um Botschaften und Führung zu übermitteln.«

»Ein Gott! Und nur ein *männlicher* Gott?« Ich hatte noch nie an eine solch befremdliche Möglichkeit gedacht und auch noch nie davon gehört. Ich hätte niemals daran gezweifelt, dass unser Pantheon von Göttern und Göttinnen die einzige, nie in Frage zu stellende Wahrheit ist. Und wie konnte irgendjemand verneinen, dass die Sonne mit ihren wärmenden, nährenden Strahlen die einzige Lebensspenderin war? Mein Kopf fühlte sich ganz verwirrt an, als ich darüber nachdachte, dass es vielleicht noch etwas anderes geben könnte.

»Ja, sie bezeichnen ihn als ›den einen wahren Gott von Israel‹«, erklärte Tamrin. »Ihre Glaubenssätze sind das, was man monotheistisch nennt, was so viel bedeutet wie ›nur einen Gott‹ zu haben, und ihre Religion nennen sie *Judaismus*. Angeblich reicht sie bis zu einem anderen historischen Mann zurück, Abraham, den sie als den Patriarchen oder Vater des Judentums betrachten.«

»Meinst du etwa Brahma, den heiligen Gott der Hindus?«, fragte ich.

»Nein«, erwiderte Tamrin, »obgleich es einige Ähnlichkeiten gibt, unter anderem die Ähnlichkeit bei der Buchstabierung ihres Namens. Zum Beispiel hieß Brahmas Gemahlin Sarasvati und Abrahams Frau Sarah. Doch abgesehen davon gehört zu Abrahams Geschichte die These, dass er den einen wahren Gott von Israel entdeckt hat.«

»Also muss ihr Gott von Israel ja riesig sein, wenn er der einzige ist, der in ihrem Leben eine Rolle spielt.« Ich wählte meine Worte mit Bedacht, denn ich war mir nicht sicher, ob sie überhaupt so gesagt werden konnten. »Kein Wunder, dass der König einen herrlichen Tempel für ihn errichten will.«

»Ja«, stimmte Tamrin zu. »Sie sagen, dass Gott selbst Salomons Vater, König David, die Baupläne gegeben habe. Gott machte über die Maße des Tempels sehr genaue Angaben.«

»Und warum hat David damals den Tempel nicht gebaut?«

»David hatte Blut an den Händen. Seine Beteiligung am Krieg und die Tatsache, dass er den Ehemann seiner Geliebten getötet hatte, disqualifizierte ihn vom Bau des heiligen Tempels«, sagte Tamrin. »Der Auftrag ging auf seinen Sohn über, der sich schon in jungen Jahren durch große Weisheit und vorbildliches Verhalten auszeichnete. Während Davids Erbe in einer starken militärischen Kraft bestand, die er einsetzte, um große Reichtümer, Verbündete und Land anzuhäufen, erfreut sich Salomons Königreich großen Wohlstandes, Friedens und architektonischer Schönheit. Seit seinem vierten Jahr als Regent strebt Salomon danach, diesen Tempel zu bauen.«

»Der Tempel ist also ein Ort der Anbetung, so wie unsere Sonnentempel?«, fragte ich.

»Tatsächlich ist er die neue Residenz der *Bundeslade*«, antwortete Tamrin. Es schien ihm Vergnügen zu bereiten, in Rätseln zu sprechen, was ich ihm innerlich übel nahm.

»Die Lade von *was*?«

»Das ist eine interessante, aber sehr lange Geschichte.« Tamrin stand auf und klopfte die Blütenblätter aus seinen Haaren und seinen Kleidern, die von dem Rebstöcken des wilden Weins heruntergefallen waren, die sich am Spalier an der Wand des Palastes emporrankten.

»Bitte hör noch nicht auf!«, bat ich ihn, doch Tamrin verbeugte sich höflich und begann sich zurückzuziehen.

Ich ging ihm nach, doch so sehr ich Tamrin auch bat, das Mittagessen gemeinsam mit mir einzunehmen, damit ich mehr von seiner Geschichte hören konnte – er lehnte ab.

»Ich muss mich um eine Herde von Kamelen und um meine Männer kümmern. Wir müssen dafür Sorge tragen, dass Shebas Wirtschaft stark bleibt, Königin Balkis.«

»Aber …«

Tamrin lächelte und ließ meinen Protest versiegen, indem er mir einen Finger auf die Lippen legte. Er küsste mich sanft auf die Stirn und versprach mir, am Morgen wiederzukommen, um mir die Geschichte weiterzuerzählen.

3. *Kapitel*

Ich war so sehr von Tamrins Geschichte gefesselt gewesen, dass ich nicht bemerkt hatte, wie die Sonne fast die Himmelsmitte erreicht hatte – Zeit für unsere Nachmittagsandacht! Ich ging zu dem wartenden Streitwagen und war dankbar, dass Sarahil meinen Hut und meinen Fächer mitgebracht hatte, da die Sonne heute ganz besonders heiß vom Himmel brannte.

Wir rasten im Streitwagen den Weg hinab, bis wir die spitzen Dächer der acht hohen Obelisken des Awam-Tempels sahen, die sich wie Finger der Sonne entgegenreckten, um ihren morgendlichen Aufgang zu begrüßen. Der Klang von Trommeln, Singen und Musik zeigte uns, dass wir fast da waren.

Ich sprang aus dem Wagen, bevor er in dem kreisrunden Innenbereich des Tempels vollständig zum Stehen gekommen war. Sarahil eilte hinter mir her, um sich zu den Personen zu gesellen, die bereits vor den Statuen vor jedem der Obelisken knieten.

Zwei Männer rollten meinen goldfarbenen Teppich aus, damit ich mich hinknien konnte. Jeder hatte seinen eigenen Teppich, der normalerweise handgeknüpft war. Meiner wurde auf eine erhöhte Plattform gelegt, und zuweilen fühlte ich mich verlegen, wenn die Sonne von den Goldfäden zurückstrahlte, die in meinen reich verzierten und übergroßen

Teppich eingewebt waren. Das waren die Momente, wo ich einfach wie jeder andere sein wollte. Doch der Brauch erforderte, dass ich als Herrscherin über dem Volk sitzen musste, daher verbannte ich den flüchtigen Wunsch nach Normalität schnell aus meinen Gedanken.

Unser Hohepriester führte uns durch die Andacht. Als er die acht Mitglieder unseres Pantheons von Sonne, Mond und Sternengottheiten bei ihrem Namen nannte und Gebete für sie sprach, verbeugten wir uns alle in Richtung des jeweiligen Standbildes und seiner Symbole. Jedes südarabische Königreich hatte seine eigene Hauptgottheit, und die unsrige war Almaqah, der Sonnengott. Tatsächlich wurden Sabaäer (die Bewohner von Sheba) oft als »die Kinder von Almaqah« bezeichnet. Wir wandten uns an ihn, um Führung und Schutz in allen Angelegenheiten zu erbitten, besonders dann, wenn es um eine reiche, fruchtbare Ernte ging.

Unsere zweitwichtigste Gottheit war Athtar, der Gott des Sterns der Venus. Ihm oblag die Kontrolle über den Regen, der für unsere Felder lebensnotwendig war und der dafür sorgte, dass wir genug Trinkwasser hatten. Athtar wurde jedoch schnell zornig, und manchmal schickte er uns Donner und Blitz, um zu zeigen, dass er unzufrieden mit uns war. Dann überließen wir ihm viele Opfergaben, um ihn milde zu stimmen und uns ohne gewaltige Unwetter den ersehnten Regen zu schicken. Athtars Gemahlin war Hawbas, die Göttin der Venus. Beide Gottheiten wurden in unserem Tempel durch achtzackige Sterne symbolisiert, die Venus repräsentierten.

Der Name unseres Mondgottes war Ta'lab, und sein Symbol war die Mondsichel, die wir auf viele unserer Gebäude malten und vor allem auf seinem Tempelobelisken. Außerdem gehören zu unserem Pantheon Almaqahs Töchter, die Sonnengöttinnen dhat-Hinyan und dhat-Ba'danum. Wir brachten den Gottheiten im Austausch für ihre Gefälligkeiten, ihren Schutz und ihre Führung vergoldete Statuen und andere Geschenke dar, die ihnen von den Priestern überreicht wurden.

Eines der Hauptexportartikel Shebas war Räucherwerk, das wir aus Weihrauch- und Myrrhe-Bäumen gewannen, die an unseren steinigen Hügeln wunderbar gediehen. In jedem Frühjahr machten die Arbeiter Einschnitte an den Bäumen und sammelten ihr klebriges weißes Harz ein, das dann zu kleinen Bällen geformt und zu Räucherwerk getrocknet wurde. Wir brannten *überall* in Sheba Räucherwerk und besonders in unseren Tempeln. Man konnte Tag und Nacht im ganzen Land die süßen und würzigen Düfte riechen.

Während der Zeremonien schütteten die Priester Wasser in die Ablaufrillen der Steinaltäre, um auf diese Weise unseren geliebten Göttern und Göttinnen das Geschenk des Regens zurückzugeben. Danach deutete der Hohepriester hinauf in den leeren Raum zwischen den einzelnen Obelisken, was ihm ermöglichte, die Position von Sonne, Mond und Sternen nachzuvollziehen. Nachdem er ihre Bewegungen am Himmel studiert hatte, machte er Voraussagen für unser Land, während wir alle gemeinsam Gebete sangen.

Ich genoss gerade diese Zeremonie, als sich plötzlich der Himmel verdunkelte. Überrascht schaute jeder nach oben, um zu sehen, welcher Schatten sich vor die große Sonne gelegt hatte. Konnte es sein, dass der Gott unzufrieden war? Ein Unwetter? … Nein, es war ein Vogelschwarm, und die Vögel flogen so eng nebeneinander, dass die Strahlen der Sonne kaum durchdringen konnten. Ich blinzelte nach dem Leitvogel, und er sah genauso aus wie das Hoopoe am Morgen in meinem Garten.

Nach ein paar schweigsamen Momenten wurde die Zeremonie fortgesetzt. Ein muskulöser junger Mann in weißen, locker gegürteten Hosen und einem eng sitzenden Hemd schlug rhythmisch eine kleine Trommel, die so genannte *kebero*. Er wurde von einem weiteren jungen Mann begleitet, der Rasseln, auch *sistrums* genannt, in den Händen hielt und sie im gleichen Rhythmus schüttelte, während ein hochgewachsener Jüngling eine lange *khallol*-Flöte spielte, begleitet von einem *masenqo*-Geiger.

Fünf junge Frauen wiegten sich im Takt zu der Musik. Eine große, schlanke Frau in ihrer Mitte drehte sich so schnell, dass ihr durchsichtiger grüner Rock sich wie ein wirbelnder Kreis um ihre Figur blähte. Sie hielt ihren Gesichtsschleier zum Himmel empor und ließ ihn mehrmals um ihren Kopf kreisen. Das sah wunderschön aus, und ich klatschte vor Begeisterung.

»Ich möchte versuchen, auch so zu tanzen«, sagte ich zu Sarahil.

»Aber Königin Makeda, Ihr wisst, dass Hoheiten nicht tanzen dürfen«, entgegnete sie.

»Warum nicht?«, protestierte ich und ging hinüber zu der Haupttänzerin. »Kannst du mir beibringen, so zu tanzen?«

Die Frau schien verlegen zu sein, unsicher, wie sie mit der Situation umgehen sollte. »Es ist in Ordnung.« Beruhigend legte ich ihr meine Hand auf die Schulter. Die Tänzerin schaute zu Sarahil hinüber, die zögernd nickte.

Die Frau schluckte und bedeutete mir wortlos, ihre Bewegungen nachzuahmen. Ihre Hüften kreisten sowohl horizontal als auch vertikal von einer Seite zur anderen, der Figur einer liegenden Acht vergleichbar. Ich versuchte, meine Hüften dazuzubringen, sich wie die ihren zu bewegen: nach unten, dann nach rechts, dann links – doch meine Muskeln fühlten sich an, als wären sie festgezurrt.

Die Tänzerin zeigte auf ihr Herz und sagte: »Ihr müsst von hier denken. Euer Körper weiß, was er tun muss.«

Von meinem Herzen denken. Hmm, ich war mir nicht sicher, wie ich das tun sollte, aber bereit, es zu versuchen, wenn es bedeuten würde, dass ich so tanzen könnte wie sie.

»Bitte nehmt dies«, sagte sie und überreichte mir ihren Schal. Ich wirbelte ihn über meinem Kopf, so wie sie es getan hatte, doch anstatt anmutig zu flattern, verfing sich der Schal in meiner Krone!

Ich sah zu Sarahil und den anderen hinüber, die höflich ihr Lachen unterdrückten.

»Von hier«, wiederholte die Tänzerin, während sie sanft meine Herzgegend berührte. Sie zeigte mir, wie ich den Schleier hinter meinem Kopf halten und mich vor und zurück wiegen sollte, was nicht schwierig war. »Schließt Eure Augen und wiegt Euch zur Musik«, wies sie mich an.

Die Tänzerin und Sarahil verblassten, und ich merkte, wie ich mit anderen Frauen um einem Kreis aus Steinen tanzte. Wir waren wunderschöne, freie Geistwesen, die sich biegsam und fließend voller Anmut umeinander herum bewegten. Ich trug einen durchsichtigen Rock, der zu kurz war, um meine Füße zu bedecken, doch es machte mir nichts aus, da die Füße der anderen Frauen genauso aussahen wie meine. Und dieses eine Mal fand ich meine Füße ausgesprochen schön!

Eine der Frauen schien mir eigenartig vertraut, als sie auf mich zutanzte, so als würde ich sie schon lange kennen. »Mutter!«, rief ich, bevor ich aufgeregt auf sie zurannte. Tränen liefen mir über die Wangen, und mein Herz machte einen Freudensprung … wie sehr hatte ich sie vermisst! »Mutter! Hier bin ich! Ich bin es, Makeda!«

Doch sie sah direkt durch mich hindurch, so als wäre ich nicht da, und tanzte einfach weiter. Ich brach auf einem der Steine zusammen und rief unter Tränen nach meiner Mutter …

»Ist alles in Ordnung, Königin Makeda?«

Meine Mutter und die anderen Frauen verschwanden, und ich war zurück im Tempel. Mit besorgten Mienen standen die Tänzerin und Sarahil über mir.

»Was ist passiert?«, wollte Sarahil wissen, als sie ihre Hand auf meine Stirn legte, um zu prüfen, ob ich mich überhitzt hatte. Ich gab der Tänzerin den Schleier zurück und bat Sarahil und den Fahrer meines Streitwagens, mich umgehend in den Palast zurückzubringen.

Nachdem wir angekommen waren, eilte ich wortlos in mein Schlafzimmer und vergrub mein Gesicht in den Kissen. Jahre aufgestauten Schmerzes und Zorns brachen aus mir hervor. Ich erstickte mein Schluchzen in den Kissen, damit Sarahil sich keine Sorgen machte.

Warum musste jeder Mensch sterben? Zuerst meine wunderschöne Mutter, so voller Magie und fröhlich – kein Wunder, dass sie die Aufmerksamkeit eines Königs auf sich gezogen hatte, der sich in sie verliebte! Tatsächlich war mein Vater aber erst durch die Hilfe meiner Mutter König geworden. Zu seinen Lebzeiten hatte er mir die Geschichte oft erzählt, und ich wollte sie immer wieder hören:

Ein feuriger Drachen versetzte unser Reich in Angst und Schrecken, indem er junge Mädchen aus ihren Familien raubte. Nie wurden auch nur die geringsten Spuren dieser bedauernswerten Geschöpfe gefunden, daher nahm jeder das Schlimmste an. Der alte und kränkelnde König von Sheba hatte nicht mehr die Kraft, das mörderische Treiben des Drachen zu beenden. Die tapfersten Krieger des Landes suchten überall im Reich nach der Höhle des Drachen – ohne Erfolg. Also erließ der König eine Verfügung, dass derjenige, dem es gelänge, den Drachen zu töten, seinen Thron und seine Krone erben würde.

Bald danach war mein Vater im Wald unterwegs, als eine

schöne Gazelle vor ihm stehen blieb und ihn ansah. Mein Vater schwor, dass er die deutliche Stimme des Tieres hörte, das ihn aufforderte, ihm zu folgen.

Die Gazelle führte meinen Vater an Flussläufen vorbei und mehrere Berge hinauf und wieder hinunter. Das sanfte Tier blieb stehen, wann immer mein Vater sich ausruhen musste. Als sie in einem steinigen Tal ankamen, hielt die Gazelle plötzlich gespannt inne. Selbst ihre Ohren, ihr Schwanz und ihr Fell standen hoch, und ihr Körper zuckte nervös. Sie sah meinen Vater an und deutete wortlos auf den Eingang einer Höhle.

Als mein Vater hörte, wie grollende Geräusche aus der Höhle drangen, spannte er jede Faser seines Körpers an. Die Gazelle hatte ihn zum Versteck eines mörderischen Drachen geführt! Er sah auf sein Schwert und wusste, dass es nicht geeignet war, die dicke Haut des Untiers zu durchdringen. Was sollte er tun?

Die Gazelle schwang ihren rechten Hinterlauf vor und zurück, wobei sie mit jeder Bewegung Erde und Blätter aufwühlte. Ihre Handlungsweise schien eine besondere Bedeutung zu haben, daher ging mein Vater zu ihr, um den Grund dafür herauszufinden. Er hob einige Blätter auf und entdeckte darunter ein Loch, das mit Steinen angefüllt war! Jetzt verstand er die Botschaft der Gazelle und begann, die Steine aus dem Loch zu holen. Sobald er genug Raum geschaffen hatte, damit er hineinpasste, schlängelte mein Vater sich hinein. Die Gazelle benutzte ihre Hörner und Hufe, um den Kopf meines Vaters mit Blättern zu bedecken, und ging dann zum Eingang der Höhle.

Mein Vater konnte die Gazelle hören, wie sie mit ihren Hufen gegen den steinigen Eingang schlug und bellende Laute von sich gab. Als er merkte, dass die Gazelle den Drachen offensichtlich reizen wollte in dem Versuch, seine Aufmerksamkeit zu wecken, wurde er nervös. Ein lautes, grollend-rumpelndes Geräusch bewies, dass er mit seiner Theorie recht hatte!

Da die Bewegungen des Drachens plump waren, konnte mein

Vater jeden seiner Schritte verfolgen. Glücklicherweise konnte die Gazelle schneller laufen als jedes andere Tier, vor allem wenn es sich um einen schwerfälligen, flügellosen Drachen handelte. Der Geruch brennender Blätter zeigte meinem Vater, dass der Drache einen zornigen Schwall Feuer ausgespuckt hatte. Mein Vater nahm eine günstige Position ein und stand mit dem Schwert in der Hand bereit. Leichtfüßig schritt die Gazelle über die Blätter, die meinen Vater bedeckten, und der Drache folgte ihr. Zum Glück hielten die umgebenden Felsen den Drache davon ab, auf meinen Vater zu fallen. Einen Augenblick lang dachte er daran, mit seinem Schwert die verwundbare Unterseite des Untieres zu durchstoßen, doch zögerte er zu lange, und die Gelegenheit war verflogen.

Plötzlich stampfte der Drache schneller vorwärts, und als mein Vater durch die Blätter nach oben blinzelte, fiel sein Blick auf eine schlanke junge Frau in einem Gazekleid, die am Rand des Abhanges stand. Von der Gazelle war nichts zu sehen. Mein Vater kroch aus dem steinigen Loch heraus, um die Frau zu retten (er wusste nicht genau, wie er dabei vorgehen sollte, doch seine Absichten waren ehrenhaft).

Bewegungslos blieb die Frau am Rand des Abhanges stehen, als der Drache auf seine Beute zugaloppierte, aber sie zeigte keinerlei Regungen von Angst.

Was als Nächstes geschah, war etwas, das mein Vater meiner Mutter und mir gegenüber nur zögernd zugab, nachdem wir ihn jahrelang angebettelt hatten, uns die ganze Geschichte zu erzählen:

Die Frau sprang vom Rand des Abgrunds in ein Gebüsch hinunter, und eine Gazelle, aufgescheucht durch die Unruhe, huschte davon. Mein Vater erkannte die Gazelle an der deutlichen Zeichnung ihres Fells als das Tier, das ihn zu der Höhle geführt hatte.

Der Drache, unfähig, in seinem Lauf innezuhalten, raste über den Abhang hinaus in die Tiefe, wo er tot liegenblieb.

»Ihr habt den Drachen getötet!«, vernahm er den Chor von Männerstimmen, als mein Vater sich umdrehte, um zu sehen, wer außer ihm Zeuge des Geschehens geworden war.

Einer der Männer fiel vor ihm auf die Knie. »Lang lebe der neue König!« Die anderen stimmten in den Ruf mit ein und hoben meinen Vater auf ihre Schultern.

Mein Vater und die Männer kletterten in die Schlucht hinab, wo der Drache leblos lag. Mein Vater sagte: ›Tut mir leid, Großer. Wenn du doch nur Appetit auf etwas anderes als junge Mädchen und Gazellen gehabt hättest!‹ Dann segnete er die Seele des Tieres und schnitt ihm zeremoniell das Herz aus dem leblosen Körper, um den bösen Zauber aufzuheben, den der Drache über Sheba ausgestoßen hatte. Gekonnt benutzte er sein Schwert, um den magischen blutroten Stein herauszuschneiden, der in jedem Drachenherzen verborgen ist.

Auf seinem Weg zurück suchte mein Vater überall nach der schönen jungen Frau, die mit knapper Not dem Tod entronnen war … und schließlich fand er sie. Sie lächelte, ging den Weg voran, und mein Vater folgte ihr auf dem Fuße. Doch egal, wie oft er sie fragte, die Frau gab ihm stets dieselbe Antwort: ein stilles, wortloses Lächeln. Als die beiden das Haus meines Vaters erreichten, war er bis über beide Ohren verliebt. In jener Nacht, unter dem Licht des vollen Mondes, bat mein Vater sie, seine Frau zu werden.

Der ganze Herrschaftsbereich von Sheba war außer sich vor Freude: Es war nicht nur der Drache getötet worden (der unverwechselbare Drachenstein, den mein Vater den königlichen Ratgebern präsentierte, stellte den Beweis dar); darüber hinaus war der neue König ein gerechter, sanfter und weiser Mann. Überall im Land wurden eine ganze Woche lang Festivitäten und Zeremonien zu Ehren der Hochzeit meiner Eltern abgehalten, gefolgt von der Krönung meines Vaters.

Einige Jahre nach ihrer Hochzeit drängte mein Vater meine Mutter, ihm Einzelheiten über ihren Sturz den Abhang hinunter in den Strauch zu erzählen, als der Drache auf sie zugestürmt war. Nach mehrmaligem Drängen gestand meine Mutter die Wahrheit über ihre Dschinn-Herkunft und wie sie an jenem Tag die Gestalt einer Gazelle angenommen hatte, um meinem Vater zu helfen. Zum Glück sorgte dieses Geständnis dafür, dass er sie umso mehr liebte!

Ich berührte die lange goldene Kette, die mir mein Vater auf seinem Totenbett überreicht hatte. »Sie wird dich beschützen und dir helfen, mutig zu sein«, hatte er gesagt. Ich hielt den eingefassten blutroten Steinanhänger in der Hand und bewunderte seine verschiedenen Farben und Nuancen. Es war schwer für mich zu glauben, dass etwas so Schönes im Herzen eines Drachens verborgen gewesen war!

Meine Erinnerungen an meine Mutter waren lückenhafter. Am meisten erinnerte ich mich daran, dass sie oft aus unbekannten Gründen fort gewesen war. Irgendwann erfuhr ich dann, dass Mutter aus dem magischen Klan der Dschinn stammte – kleinen Menschen, die draußen im Wald leben und eng mit den Elementarmächten der Welt zusammenarbeiten, wie zum Beispiel Feuer, Erde und sogar dem Wind. Sie können jede Form oder Gestalt annehmen, die ihren Zwecken dient. Das ist der Grund, warum meine Mutter meinem Vater als Gazelle erschienen war, als sie sich zum ersten Mal begegneten.

Ich schaute auf meine Füße hinunter und erschauerte ob dieser einzigen Erinnerung an meine Herkunft als Dschinn. Warum hatte ich nicht die Fähigkeit geerbt, die Form zu verändern oder wundersame Magie zu bewirken?

4. Kapitel

»Ihr seid ja schon wach!«, rief Sarahil aus. Normalerweise musste sie mich für mein morgendliches Bad und Frühstück wecken, aber ausnahmsweise hatte ich mir heute nicht erlaubt, in den Tag hinein zu schlafen. Nachdem ich mich am Abend zuvor in den Schlaf geweint hatte, fühlte ich mich an diesem Morgen gut gelaunt: Heute würde ich mehr von Tamrins Reise nach Israel hören!

Als ich in den Garten kam, wartete Tamrin schon auf mich, während er sich an dem Anblick graziöser Flamingos am Rand des Teiches erfreute. Über unseren Köpfen in den verschlungenen Lianen des Jasmins trällerte der Hoopoe-Vogel vor sich hin. Ich beschloss, ihn zu ignorieren und ihm so die Befriedigung zu versagen, mich zu ärgern. Stattdessen legte ich ein paar Kissen bereit und zog meine Schuhe aus. Es machte mir nichts aus, wenn Tamrin meine Füße sah. Als er sie zum ersten Mal bemerkte, hatte er gesagt, dass sie ein Zeichen von Schönheit waren, da die Dschinn solch reizende Wesen sind. Vielleicht würde auch ich eines Tages in der Lage sein, sie als schön zu empfinden.

Tamrin muss bemerkt haben, wie ich nach unten auf meine Füße blickte, denn er hüstelte, um meine Aufmerksamkeit zu wecken. »Die Bundeslade«, begann er und fuhr in seiner Erzählung genau da fort, wo er am Tag zuvor aufgehört hatte,

»ist ein hölzerner, mit Gold überzogener Behälter, in der die beiden Steintafeln aufbewahrt werden, die der israelische Gott Moses gegeben hatte, sowie andere heilige Gegenstände, unter anderem auch ein Stab, der ursprünglich seinem Bruder gehört hatte und der Moses und seinen Gefolgsleuten bei der Flucht aus Ägypten wundersamen Schutz geboten hatte. Bis vor Kurzem nahmen die Israeliten die Bundeslade jedes Mal mit, wenn sie auf Reisen gingen. Als Jerusalem zum Zentrum des jüdischen Lebens wurde, errichtete man ein kostbar verziertes Zelt. Es wurde ›Tabernakel‹ genannt und hat der Bundeslade in all diesen Jahren als heiliger Aufbewahrungsort gedient.«

»Ist das Zelt sicher genug für solch einen wertvollen und historischen Gegenstand?«, fragte ich. Obwohl es in unserem Land selten Diebstähle zu beklagen gab, hatte ich schon von Tempeln gehört, die wegen ihrer Kostbarkeiten geplündert worden waren.

»Die Bundeslade ist ihr eigener Schutz«, antwortete Tamrin geheimnisvoll. »Sie strahlt eine Macht aus, die – wie die mächtige Sonne – jene verbrennen würde, die ihr zu nahe kommen. Nur die höchsten und reinsten Priester und Priesterinnen können sich der Bundeslade nähern. Selbst dann kann jeder egoistische Gedanke, Handlung oder Worte gefährliche Wirkungen nach sich ziehen.«

»Gefährlich? Inwiefern?« Ich konnte mir nicht vorstellen, wie eine Kiste mit geweihten Objekten eine Gefahr darstellen konnte.

»Die Bundeslade strahlt eine so starke Energie aus, dass man sich in einem Zustand inneren Friedens befinden muss, um ihr überhaupt nahekommen zu können. Jeder, der selbstsüchtige oder unreine Motive hat, strahlt eine negative Energie aus. Und wenn die Energien nicht übereinstimmen, kann die Berührung der Bundeslade tödlich sein.«

Als Tamrin meine verständnislose Miene sah, führte er seine Erklärungen weiter aus: »Die Bundeslade wird im Tabernakel inmitten mehrerer Schichten aus Zeltstoff aufbewahrt, die mit einer Öffnung versehen sind. Bevor sie sich der Bundeslade nähern, werden den Hohepriestern und Hohepriesterinnen seidene Stricke an den Fußknöcheln befestigt. Auf diese Weise können ihre Körper – sollten sie während der heiligen Handlung sterben – herausgezogen werden, ohne ihre Retter zu gefährden.«

»Also sehen nur die Hohepriester und Hohepriesterinnen jemals die Bundeslade?«, fragte ich. Insgeheim hoffte ich, dass ich eines Tages einen Blick auf dieses geheimnisvolle Objekt werfen könnte.

»Es gibt eine Ausnahme, und das ist König Salomon, doch ansonsten habt Ihr recht.«

»Willst du damit sagen, der König ist so reinen Herzens, dass er sich der heiligen Bundeslade gefahrlos nähern kann?«

Tamrin machte einen tiefen Atemzug, bevor er langsam und bedächtig sagte: »König Salomon ist …« Tamrin rieb sich mit der Hand übers Kinn und schaute auf den Boden. »König Salomon ist zweifellos …« begann er erneut und hielt inne.

»Was, Tamrin? Er ist was?!?« Ich hüpfte auf und ab vor gespannter Erwartung.

»Balkis, ich kann die Worte nicht finden, um ihn zu beschreiben«, sagte Tamrin schließlich.

Ich beschloss, ihm zu helfen: »Ist er klug und intelligent?«

»Er ist der weiseste Mann, den die Welt je gesehen hat«, erwiderte Tamrin. »Seit er ein Knabe war, hat König Salomon Streitereien durch seine Weisheit beigelegt.«

»Kann er sich gut ausdrücken?«

»Seine Worte fließen wie goldener Honig, und jeder, der ihn hört, ist wie verzaubert.«

»Ist er körperlich fit und attraktiv?«

»Nur die Statuen griechischer Götter sind in besserer körperlicher Verfassung und attraktiver als König Salomon.«

»Aber er muss doch irgendwelche *menschlichen* Schwächen haben«, flötete ich.

»Nun, es gibt da was – allerdings ist dies nur eine persönliche Beobachtung aus meinen kurzen Begegnungen mit ihm.« Tamrin sah sich um und flüsterte: »In seinen Augen sah ich so etwas wie Einsamkeit. Für meine Begriffe war das eine echte Ironie – schließlich ist er einer der mächtigsten und ›perfektesten‹ Männer der Welt. Er hat alles, einschließlich der ständigen Aufmerksamkeit und Präsenz von Dienern, Würdenträgern und Bewunderern. Dennoch sahen seine Augen leer und traurig aus, als würde ihm etwas Wichtiges fehlen.«

Genau wie ich mich gefühlt habe!, sagte ich zu mir selbst, aber ich wagte es nicht, Tamrin denken zu lassen, dass ich nicht zu schätzen wusste, was er, Sarahil und alle anderen für mich taten.

5. *Kapitel*

Wieder einmal lag ich in seinen Armen. Er erforschte meinen Rücken mit seinen Händen auf eine Weise, die gleichzeitig entspannend und erregend war. Als er meine Wangen mit seinem Bart kitzelte, mussten wir beide lachen: »Oop! Oop! Oop!« Das Lachen wurde immer lauter, und ich entglitt seiner Umarmung. Ich streckte meine Hände nach ihm aus, doch er verschwand aus meinem Blickfeld, während der Klang an Intensität zunahm …

Abby sprang von meinem Bett auf das Fensterbrett. Ich zog mir die Decke über den Kopf und stöhnte. Der Hoopoe war zurück, nach fünf Morgen segensreicher Stille. Kurz kam mir der Gedanke, eine meiner Leibwachen hinauszuschicken, um den Vogel festzunehmen, den Abbys Gegenwart nicht im Geringsten zu stören schien!

Sarahil streckte ihren Kopf aus dem Fenster, um den Vogel zu verscheuchen. »Er hat etwas in seinem Schnabel, Hoheit.« Erschrocken machte sie einen Schritt zurück ins Zimmer, als der Vogel auf das Fensterbrett flog und den Gegenstand auf den Boden fallen ließ. Es sah eindeutig so aus, als hätte er es absichtlich getan!

Ich wollte noch ein wenig schlafen und zu meinem köstlichen Traum zurückkehren, doch die Neugierde war stärker, also warf ich die Bettdecke zurück und lief zu dem Gegenstand, bevor Sarahil die Möglichkeit hatte, sich zu bücken und ihn aufzuheben.

»Es ist eine Schriftrolle!«, rief ich aus, bevor ich sie rasch öffnete. »Mit lustigen Zeichen darauf.«

Sarahil warf einen Blick über meine Schulter und sagte: »Definitiv eine andere Sprache. Es sieht irgendwie vertraut aus, doch kann ich es mit Sicherheit nicht lesen.« Obgleich das Volk von Sheba sehr literaturbeflissen war und sie und ich lesen konnten, stand fest, dass die Zeichen in einer fremden Sprache geschrieben waren.

Wir sahen einander an und riefen gleichzeitig aus: »Tamrin!«

Auf die Schnelle badete Sarahil mich und zog mich an. Die Schriftrolle fest in meiner linken Hand haltend, nahm ich mir ein wenig Fladenbrot vom Tisch und lief hinaus in den Garten. Ich hoffte, dass Tamrin heute früher als sonst kommen würde, um mich von der Spannung zu erlösen.

Ich befühlte die Schriftrolle in meiner Hand. Sie war von dunkler Farbe und überraschend groß, wenn man bedenkt, dass der Vogel mit ihr in den Krallen geflogen war. Als ich sie an meine Stirn hielt, fühlte ich ein leichtes Kribbeln. Ein starker, würziger Duft umfing mich. Ich steckte meine Nase in die Schriftrolle: *Woran erinnerte mich dieser Geruch?*

»Seid Ihr jetzt ein Bote?« Tamrin lachte so herzlich, dass seine Augen hinter seinen roten Wangen verschwanden – ein Phänomen, das mich immer wieder belustigte, wenn ich es sah.

»*Das* Glück ist mir leider nicht beschieden! Ich bin dazu verdammt, Königin zu sein.« Ich kicherte und gab Tamrin die Schriftrolle.

Das Papier knisterte, als er es aufrollte. Seine Augen verdunkelten sich, und seine Wangen färben sich dunkelrot. »Es ist von König Salomon«, sagte er und drückte mich sanft ein wenig bei Seite, damit er neben mir auf der Bank sitzen konnte.

»Was steht da geschrieben?«, verlangte ich zu wissen.

Tamrin wischte sich mit seinem Ärmel über die Stirn und murmelte irgendetwas, das ich nicht verstehen konnte. Ich spürte, dass ich ihn jetzt nicht drängen sollte, mir mehr zu sagen. Schließlich ergriff Tamrin wieder das Wort: »Er lädt Euch in seinen königlichen Palast ein.«

Ich schaute Tamrin an, und es war nicht nötig, die Fragen zu formulieren, die mir sofort in den Sinn kamen.

»Der König …«, murmelte er, während er mit seinem Fuß in der staubigen Erde und dem Sand stocherte, der aus der Schriftrolle gefallen war. Ich wartete, ohne meinen Blick abzuwenden, und hielt den Atem an. In dem Moment wurde mir plötzlich die Abwesenheit des Hoopoe-Vogels bewusst – während der letzten zwei Wochen war er mit seinem unentwegten Kreischen unsere tägliche Gesellschaft gewesen. Endlich sprach Tamrin weiter: »König Salomon, der, von dem ich Euch erzählt habe. Er möchte, dass Ihr ihn besucht, und er hat eine offizielle Einladung ausgesprochen.«

Das Herz flatterte mir in der Brust, und ich musste schlucken. Der Himmel schien sich zu verdunkeln, und mir wurde schwindelig. Noch nie in meinem Leben hatte ich eine bedeutende Reise unternommen! War es mir überhaupt möglich, Sheba zu verlassen? Ich hatte ein komisches Gefühl im Magen, und die Sträucher im Garten schienen in Kreisen um mich herumzuwirbeln. Einen Augenblick lang glaubte ich sogar, in einem der Büsche das Gesicht meiner Mutter gesehen zu haben.

Tamrin schaute mir direkt in die Augen. Der Ernst und die Intensität seines Blickes verwirrten mich. »Wir müssen mit dem Hohen Rat sprechen«, sagte er schließlich. »Ich werde ihn zusammenrufen.«

* * *

Ich wünschte, dieser Moment würde ewig währen, mit Tamrin an meiner Seite an diesem Nachmittag, während wir im Streitwagen unseren gewohnten Weg zum Tempel fuhren. Ich fühlte mich ihm so nahe, sogar noch näher als Sarahil *(ob sie mir je vergeben würde, wenn sie wüsste, dass ich so dachte?)*. Tamrins Gegenwart gab mir ein Gefühl der Sicherheit. Ich vertaute der Weisheit seiner Entscheidungen. Er blinzelte und lächelte mich von der Seite an, als ich ihn stürmisch umarmte.

»Und womit hab' ich das verdient, Königin Balkis?« Er lachte, hielt aber immer ein Auge auf die Straße gerichtet: Tamrin war ein echter Karawanenführer.

»Tamrin, lass uns zusammen nach Jerusalem reisen, was meinst du?«

»Vielleicht«, lachte er leise. »Vielleicht.«

* * *

Der Mond und die Sterne schienen hell am nächtlichen Himmel, als der Hohe Rat auf Tamrins Geheiß zusammentrat. Als ich mich dem Versammlungsort näherte, spürte ich ein Gefühl der Spannung und des Zorns, das aus dem Raum zu kommen schien. Ich öffnete die Tür und hörte, wie Tamrin und meine königlichen Berater in eine leidenschaftliche Diskussion verwickelt waren.

Ich warf einen Blick in den Raum, bevor ich ihn betrat. Kabede, ein hochgewachsener, älterer Mann, der schon für meinen Vater gearbeitet und als höchster Hohepriester gedient hatte, hielt die Schriftrolle, während die anderen über seine Schulter sahen, um sie zu lesen. Kabede zeigte auf einen Abschnitt und zischte: »Das ist völlig unakzeptabel! Ich werde es nicht dulden!«

Leise betrat ich auf Zehenspitzen den Raum, um seine Worte nicht zu unterbrechen – eine überflüssige Sorge, da alle ihre Aufmerksamkeit auf die Schriftrolle konzentriert hatten.

»Wie kann er es *wagen*, auf diese Weise zu uns – und vor allem zu unserer Königin – zu sprechen!«, schrie Kabede.

Tamrin schüttelte seinen Kopf, nahm einen tiefen Schluck aus seinem Weinkelch und schimpfte: »Er verleibt sich alle in der Nähe liegenden Königreiche ein, um sein israelisches Großreich aufzubauen, und jetzt verlangt er auch noch, dass die Staatengemeinschaft von Sheba vor ihm niederkniet!«

Kabede überreichte die Schriftrolle einem anderen Berater, der hinzufügte: »Offensichtlich reicht es König Salomon nicht, unsere Zedern und unser rotes Gold für den Bau seines Palastes und seiner Tempel zu benutzen. Er will auch noch den Rest unseres Landes!«

Ich war dankbar, dass ich von meiner Katze Abby gelernt hatte, wie man einen Raum so leise betritt, dass man nicht bemerkt wird. Irgendwann fiel Tamrin auf, dass ich auf einem weich gepolsterten Sessel in der Nähe des Konferenztisches Platz genommen hatte.

»Oh, Königin Balkis!« Auch wenn Tamrin wütend war, verschwanden seine Augen hinter seinen Wangen. Die Ratsmitglieder verneigten sich schnell vor mir und schienen es nicht erwarten zu können, sich gleich wieder dem vor ihnen liegenden Problem zuzuwenden.

Ich erhob meine Hand, um meine Bereitschaft zu signalisieren, die Diskussion mitzuhören. Warum hatte jeder das Gefühl, mich vor schlechten Nachrichten schützen zu müssen? Ich hatte mich selbst stets als stark und aufgeschlossen empfunden … doch vielleicht sahen mich die anderen nicht so.

Sogleich fuhr Kabede fort: »Es fehlt nicht viel, und ich werde die Armee zusammenrufen und ihm zeigen, was wir von seiner Einladung halten!« Seine Worte alarmierten mich. Schließlich hatte die Staatengemeinschaft von Sheba seit fünfhundert Jahren keine Streikraft benötigt.

»Nun, meine Herren!« Als Tamrin sich erhob und mit der Hand winkte, damit Ruhe unter den Versammelten einkehrte, trafen sich unsere Blicke. »Und auch Ihr, Königin Balkis«, fügte er hinzu.

Ich stand neben Tamrin und Kabede und bat sie, mir die Schriftrolle vorzulesen. Sie wollten meiner Aufforderung nicht Folge leisten, bis ich schließlich erklärte: »Die Schriftrolle wurde *mir* geschickt, daher ist es nur rechtens, dass ich weiß, was darin steht!«

Tamrin hüstelte und wandte sich an die anderen Ratsmitglieder, die alle zustimmend nickten. Sie wussten, dass ich recht hatte!

Tamrin und ich setzten uns, während Kabede stand und die Schriftrolle vorlas:

»Von mir, König Salomon, der Euch, Königin von Sheba, und Euren Noblen seine Grüße und Frieden sendet! Ihr seid Euch ohne Zweifel gewahr, dass der Herr des Universums mich zum König über die Tiere in den Wäldern, die Vögel in der Luft, die Dämonen und Geister ernannt hat.

Alle Könige des Ostens, Westens, Nordens und Südens besuchen mein Königreich, um mir ihre Grüße zu überbringen und Huldigung zu erweisen. Wenn Ihr nun kommen werdet und desgleichen tut, werde ich Euch größere Ehre zuteil werden lassen als all den anderen Majestäten, die mein Reich besucht haben und besuchen werden.

Solltet Ihr jedoch meine Einladung, mir einen Besuch abzustatten und mir zu huldigen, ablehnen, werde ich meine Könige, Legionen und Reiter gegen Euch aussenden. Vielleicht wollt Ihr wissen: ›Wer sind diese Könige, Reiter und Legionen?‹ Die Tiere in den Wäldern sind meine Könige, die Vögel in der Luft sind meine Reiter, und die Geister und Shaytan sind meine Legionen. Sie werden Euch in Euren Betten erdrosseln, in Euren Feldern erschlagen und Euer Fleisch verzehren.«

Bei diesen Worten schnürte sich mir die Kehle zusammen, und ich konnte mein Herz vor Zorn in meiner Schläfe schlagen fühlen. Welch ungeheure Arroganz zu verlangen, ich solle ihm huldigen oder eines furchtbaren Todes sterben! Wie abscheulich von ihm, mich herauszufordern und mir jemanden aus meiner eigenen Familie zu schicken – der Dschinn-Rasse, die als Shaytan bekannt sind – um mir zu schaden! Eine simple Einladung hätte ausgereicht, meine Aufmerksamkeit zu wecken!

Ich war beleidigt worden und musste Schritte unternehmen. Doch was wäre der beste Weg, diesem Barbaren eine Lektion zu erteilen?

»Ich werde nach Jerusalem reisen!«, erklärte ich so laut, dass die Augen aller Anwesenden, einschließlich meiner eigenen, vor Erstaunen groß wurden. »Und ich werde diesem König Salomon gegenübertreten. Nicht weil er mir gedroht hat, sondern weil ich die Herrscherin über einen friedlichen Staatenbund bin. Ich werde König Salomon lehren, dass wahre Macht zivilisiertem Verhalten entspringt und nicht brutaler Gewalt!«

Zunächst schien der Ausdruck auf den Gesichtern meiner Ratsmitglieder meiner Kühnheit Beifall zu zollen, was jedoch schnell von Sorgenfalten und verzweifeltem Händeringen abgelöst wurde. »Majestät, lasst *uns* in Eurem Namen gehen!«, baten sie.

Doch mein Entschluss stand fest. Ich erhob meine Hand und sagte: »Es geht nicht mehr länger darum, *ob* ich gehen werde, sondern *wann* – und um das zu entscheiden, brauche ich eure Hilfe.« Dann verließ ich den Raum, bevor ich Tamrins Gesicht sehen konnte. Ich wollte seinen Blick vermeiden, denn dieser besaß die Macht, meine Entschlusskraft zu schwächen.

Die Temperatur in den Gängen des Palastes war stets eine Mischung aus Heiß und Kalt, was an diesem Abend meine eigenen schwankenden Gefühle widerspiegelte. Schließlich erreichte ich mein Schlafgemach, wo Sarahil bereits mein Bett vorbereitet und die Kerze auf meinem Nachttisch angezündet hatte. *Sarahil* … ich fragte mich, ob sie mich wohl nach Jerusalem begleiten würde.

Als ich die Kerze ausblies, stellte ich mir vor, wie ich dem arroganten König Salomon gegenübertreten würde. Ich würde ihm zeigen, was wahre Macht ist!

Ich muss in jener Nacht geschlafen haben, wenn es mir auch nicht so vorkam. Die meiste Zeit lag ich auf meiner rechten Seite, vor Zorn bebend, bevor ich mich auf die linke Seite drehte und mich Zweifel an meiner geplanten Reise nach Jerusalem überkamen. Meine Kissen und Bettdecken waren völlig zerdrückt und lagen auf dem Boden, als Sarahil mich am nächsten Morgen weckte. Sie musste nichts sagen – ihr Gesichtsausdruck sprach Bände.

»Die Antwortet ist ›Ja‹«, meinte sie.

Ich rieb mir die Augen.

»Natürlich werde ich Euch nach Jerusalem begleiten.«

»Sarahil, du verstehst, dass es eine monatelange beschwerliche Reise durch die heiße und unerbittliche Wüste bedeutet? Selbst wenn die Wetterverhältnisse es erlauben, dass wir einen Teil des Weges auf dem Roten Meer zurücklegen, werden wir wahrscheinlich in Stürme geraten und Piraten oder Schlimmerem begegnen!«

»Mein Platz ist an Eurer Seite, meine Königin.« Sarahil verneigte sich auf eine ernste, beinahe grimmige Weise, als erahne sie die Schatten einer bevorstehenden Tragödie.

Nein! Ich biss mir auf die Lippen, um meine Gedanken zu kontrollieren und positiv zu halten. Abby sprang auf meinen Schoß – sie schien mein Bedürfnis nach Trost zu spüren. Gedankenabwesend streichelte ich ihren Rücken bis hin zur Spitze ihres buschigen Schwanzes, beruhigt durch ihr Schnurren, das in meinem Bauch vibrierte. *Ob Abby mit mir kommen konnte?*, überlegte ich einen Moment. Meine Tränen überraschten mich, und ich wischte sie fort, damit Sarahil meine gemischten Gefühle nicht bemerkte.

Während ich frühstückte, beaufsichtigte Sarahil eine Gruppe von Bediensteten, die meine Kleider und Vorräte für unsere Reise einpackten. Jeder von ihnen war ungewöhnlich still, als hätte er den Atem angehalten.

6. *Kapitel*

Tamrin wollte unsere Reise vor Tagesanbruch beginnen. »Der erste Tag setzt den Ton für die ganze Reise«, sagte er, als er mir half, in meine Sänfte zu steigen, die aus einer seidenen, rechteckigen Matratze bestand, die auf einem hölzernen Rahmen lag. Das Dach und das Moskitonetz schützten mich vor der Sonne und den Insekten und gaben mir ein wenig Privatsphäre. Normalerweise reiste ich in einem Streitwagen, der von zwei Kamelen gezogen wurde, doch Tamrin erklärte, dass die Räder dem unwegsamen Gelände zwischen Sheba und Israel nicht standhalten konnten. Daher wurde ich in eine Art tragbares Schlafzimmer gepfercht. Lange Stangen an der rechten und linken Seite wurden von je einem Kamel vor mir und hinter mir getragen.

»Saja ist unser bestes Kamel, Königin Balkis.« Tamrin klopfte dem großen Tier, das die beiden vorderen Stangen meiner Sänfte trug, liebevoll auf den Rücken. »Sie hat einen weichen Gang und ein unkompliziertes Wesen. Hinter Euch ist Rukan, eine kraftvolle Stute, die für ihre Ausdauer und ihren Mangel an Aufmüpfigkeit bekannt ist.«

Ich empfand Dankbarkeit für die Bereitschaft der Kamele, mich durch die Wüste nach Jerusalem zu tragen. Saja und Rukan befanden sich in guter Gesellschaft: Die fast achthundert Kamele und Esel unserer Karawane waren alle hoch mit Männern, Vorräten und Geschenken für König Salomon beladen. Sarahil und ich gehörten zu den wenigen Frauen in der Gruppe.

Feierlich hob Tamrin seinen rechten Arm und proklamierte mit lauter Stimme: »*Maca salama!* Geht hin ohne Furcht!«, während er seinen Arm senkte, um den Beginn unserer Reise zu signalisieren. Saja und Rukan setzten sich vorsichtig in Bewegung, um sich an das Gewicht der Sänfte zu gewöhnen.

Ihr weicher Gang wiegte mich sanft, und ich merkte, wie müde ich war. Ich hatte aufgrund meiner Aufregung über diese Reise in der Nacht zuvor kaum geschlafen. Ein Teil von mir fühlte sich schuldig, weil ich in meiner luxuriösen Sänfte reiste, während Sarahil, Tamrin und alle anderen schutzlos den Elementen ausgesetzt waren, doch dann überwältigte mich die Müdigkeit, und ich legte mich in die Kissen zurück und fiel in einen tiefen Schlaf.

Nachdem wir mehr als zwanzig Meilen in Richtung des Roten Meeres geritten waren, schlugen wir am Abhang einer riesigen Düne, die uns vor dem Wind schützte, unser Nachtlager auf. Als ich von meinem Sitz hinunterkletterte, brauchte ich einen Moment, um die Kontrolle über meine Beine wiederzuerlangen. Der wellenähnliche Gang der Kamele hatte meinen Gleichgewichtssinn irritiert!

Es war kalt geworden, wie es in der Wüste abends immer der Fall ist, daher legte ich mir einen Schal um den Hals. Doch als ich die leuchtenden Sterne am Nachthimmel sah, vergaß ich jeden Gedanken an mein körperliches Unwohlsein. Warum schienen sie heute so hell? Vielleicht war es ein positives Omen für unsere Reise.

Ta'lab, Athtar und Hawbas, bitte gebt uns euren Schutz auf dieser Reise, betete ich stumm zu den nächtlichen Gottheiten. Eine Sternschnuppe schoss über den tiefblauen Hintergrund, als wolle sie bestätigen, dass mein Gebet gehört worden war.

»*Makeda!*«, hörte ich eine Stimme hinter mir sagen. Anstatt mich umzudrehen, um zu sehen, wer meinen Namen gerufen hatte, fühlte ich instinktiv, dass ich ruhig stehen bleiben müsse. Ich kontrollierte meinen Atem und verlangsamte ihn. »*Makeda!*«, rief die Stimme erneut. Ohne Zweifel handelte es sich um die Stimme einer Frau, wahrscheinlich Sarahil, die nach mir suchte.

Und wieder blitzte eine Sternschnuppe durch den Nachthimmel, und meine Augen folgten ihrer Spur zur Seite der riesigen Düne, wo sich ein Strauch bewegte. Zuerst nahm ich an, dass der Wind ihn zum Rascheln gebracht hatte, bis ich in seinen Zweigen eine Bewegung bemerkte. Ich trat näher heran, um zu sehen, welche Art von Tier in der Nacht so aktiv ist. Als ich mich dem Strauch näherte, hörte ich, wie mein Name, begleitet von herrlicher Musik, gerufen wurde. Ich blickte nach unten und sah vor dem Strauch einen Kreis aus Steinen, jeder ungefähr so groß wie meine Hand. Plötzlich fühlte ich mich so müde, dass ich mich in den Kreis setzte. Ich konnte Sarahil hören, wie sie vom Zeltlager her meinen Namen rief …

Das Zeltlager und die Düne verschwanden, und es war Tag. Ich saß in einem Kreis aus Steinen, und der endlose Wüstensand war üppig blühenden und duftenden Blumen gewichen, leuchtend grünen Weinreben und Vögeln in allen Farben des Regenbogens. Ich atmete den süßen Geruch der Blumen ein und entspannte mich so tief wie schon lange nicht mehr. Ich merkte, wie angespannt ich gewesen war, durch meine eigenartigen, wiederkehrenden Träume, Tamrins Heimkehr, die Schriftrolle von König Salomon und nun diese weite Reise weg von Sheba. Ich war müde und legte mich hin, um zu schlafen.

»Makeda«, sagte eine Frau und streichelte mir liebevoll übers Haar. »Ich bin es.«

»Mutter!«, rief ich und schlang meine Arme um ihren Hals, während mir die Tränen übers Gesicht liefen. Ich zog sie herunter, damit sie neben mir lag. »Ich habe dich so sehr vermisst!«, schluchzte ich fassungslos.

Mutter hielt mich eng umschlungen und wiegte mich sanft in ihren Armen. Ich hatte mich nicht mehr so sicher und geliebt gefühlt, seit sie vor so langer Zeit diese Welt verlassen hatte. Ich wollte sie so vieles über mich fragen, warum sie gestorben war, wo Dschinn doch die Möglichkeit der Unsterblichkeit hatten, und wie ich meine königlichen Pflichten am besten erfüllen konnte. Doch ich konnte und wollte den kostbaren Moment nicht verderben, also sagte ich nichts. Es war genug, einfach nur wieder bei meiner Mutter zu sein.

»Königin Makeda!« Sarahils Stimme unterbrach meine Ekstase, und als ich aufschaute, sah ich sie und Tamrin über mir stehen. Ich schaute hinüber zu Mutter und war entsetzt, als ich sah, wie sie in den nächtlichen Himmel entschwand. Tamrin reichte mir seine Hand, um mir beim Aufstehen zu helfen. »Ihr seid müde. Lasst uns gehen«, grummelte er.

Sarahil und Tamrin führten mich zu meinem Zelt, das groß genug war, um fünf bis sechs Personen zu beherbergen. Der extra Raum würde jedoch ungenutzt bleiben, da ich Königin war und alleine schlafen würde, mit bewaffneten Kriegern, die während der Nacht draußen Wache standen.

Ich weinte mich in den Schlaf. Dies war das zweite Mal, dass ich eine Erscheinung meiner Mutter gesehen hatte, und jedes Mal hatte dieses Erlebnis alte Wunden erneut aufgerissen, die ich am liebsten für immer geschlossen hätte. Ich hatte mich an die Tatsache gewöhnt, dass sie nicht mehr auf dieser Welt war, und gelernt, ohne sie zu leben. Mutter und ich waren einander so nahe gewesen und hatten so vieles gemeinsam: unsere identischen Dschinn-Füße; unsere Scheu und Sensitivität; unsere Abneigung, königlichen Prunk zur Schau zu stellen; und unsere Vorliebe für gutes, üppiges Essen. Ich zog mir meine Seidendecke eng um die Schultern und stellte mir vor, es wären die Arme meiner Mutter, die mich liebevoll umfingen.

7. *Kapitel*

Schon Minuten nach dem spektakulären Schauspiel der Farben, die die Ankunft der Sonne am nächsten Morgen einleitete, erwärmte sich die Wüste zusehends. Schläfrig glitten Eidechsen aus ihrem unterirdischen Bau, um ihre nächste Mahlzeit zu finden. Wir in unserem Zeltlager frühstückten bereits, und ich aß mehr als sonst, um meine noch immer aufgewühlten Emotionen zu beruhigen. Außerdem hatten wir gestern nur so lange angehalten, um unsere Gebete und Zeremonien vorzunehmen. Das Mittagessen war ausgefallen, damit wir auf unserer Reise zügig vorankamen. Wer konnte wissen, wann wir das nächste Mal essen würden?

Es stellte sich heraus, dass ich recht daran getan hatte, mich satt zu essen, da wir erst wieder am Abend etwas zu uns nahmen. Tamrin und Sarahil schienen mich noch genauer als sonst zu beobachten, als wollten sie sicher gehen, dass ich nicht erneut in die nächtliche Wüste hinauswandern würde. Am Lagerfeuer kuschelte ich mich zwischen die beiden. »Erzähl mir mehr über König Salomon«, bat ich Tamrin inständig. »Was weißt du über seine Mutter?«

»Oh, das ist eine interessante Geschichte«, erwiderte Tamrin und ordnete seine Beine neu, um bequem zu sitzen. Ein Grund, warum Tamrin so ein guter Geschichtenerzähler war, lag darin, dass er seine Rolle über alle Maßen genoss.

»Salomons Vater, König David, bemerkte eines Tages eine wunderschöne Frau, die auf dem Dach ihres Hauses ein Bad nahm. Je länger er sie beobachtete, desto mehr erfüllte ihn ein überwältigendes Verlangen. Also sandte er der Frau eine Botschaft, in der er sie bat, ihn in seinem Palast zu besuchen. Ihr Name war Bathsheba.«

»Das hört sich an wie *Sheba*!«, platzte ich heraus.

»Ihr habt recht.« Tamrin dachte einen Moment nach, bevor er fortfuhr. »Nun, Bathsheba und David verspürten Verlangen und eine starke Anziehung füreinander. Innerhalb weniger Minuten nach ihrer ersten Begegnung fielen sie sich leidenschaftlich in die Arme, wie zwei Seelengefährten, die sich über viele Lebenszeiten hinweg erneut gefunden hatten. Ihre Leidenschaft setzte sich in Davids Schlafgemach fort, und Bathsheba wurde in jener Nacht schwanger.«

»Haben sie also geheiratet und Salomon gemeinsam aufgezogen?«, fragte ich.

Tarmin blickte auf den Boden. »Nun, es war ein wenig komplizierter als das. Bathsheba hatte bereits einen Ehemann namens Uriah, der ein Mitglied von Davids Streitkräften war. David konnte den Gedanken nicht ertragen, dass Bethsheba einem anderen Mann angehörte, und er wollte sein Kind mit ihr zusammen aufziehen. Also entwarf er einen sehr finsteren Plan, damit Bathsheba ihm ganz gehörte.«

»Was hat er getan?«, fragte Sarahil atemlos.

»David sorgte dafür, dass Uriah bei einer gefährlichen Mission an vorderster Front kämpfen musste. Und natürlich kam Uriah dabei ums Leben. Wenn David ihn auch nicht mit seinen eigenen Händen gemordet hatte, so war er dennoch für seinen Tod verantwortlich. Als Bethshebas und Davids Sohn kurz nach der Geburt starb, wussten sie, dass dies Gottes Strafe für Uriahs Tod war. Zum Glück jedoch waren die beiden aufgrund ihrer großen Liebe in der Lage, während dieser schwierigen Zeit zusammenzubleiben, und bald wurde Bathsheba erneut schwanger.«

»Mit Salomon?«, fragte ich, während ich es kaum erwarten konnte, mehr über den Mann zu hören, zu dem wir uns auf diese lange Reise begeben hatten. Im nächsten Moment erinnerte ich mich an das rüde »Ultimatum« seiner Einladung und fragte mich, wie ich es schaffen würde, bei der Begegnung mit ihm meine Wut im Zaum zu halten.

Tamrin nickte. »Ja, ihren nächsten Sohn nannten sie Salomon, was so viel heißt wie ›Frieden‹, und als Kind machte er seinem Namen alle Ehre. Von frühester Jugend an war Salomon anders als König Davids andere Söhne. Er spielte im Gegensatz zu seinen Brüdern weder mit Schwertern, noch ließ er sich auf Machtkämpfe ein. Er wollte nur lesen und philosophische Diskussionen mit Erwachsenen führen. Wie sein Vater hatte auch Salomon eine klare Verbindung zum Göttlichen. Er konnte seinen Gott von Israel sehr deutlich hören.

Die Legende behauptet, dass Gott dem jungen Salomon die Möglichkeit gab, alles zu bekommen, was er sich wünschte, einschließlich Reichtum, Macht und Beliebtheit. Doch Salomon ließ Gott wissen, dass das Einzige, was er haben wollte, Weisheit sei. Gott war von Salomons Antwort so begeistert, dass er ihm Weisheit verlieh – und darüber hinaus Reichtum, Macht, Beliebtheit, die Herrschaft über alle Völker, Tiere, Vögel und Dämonen; und alles andere, was er sich wünschen konnte.«

»Wie wendet er seine Weisheit an?«, fragte ich.

»Seit er ein kleiner Junge war, hat Salomon zu Gericht gesessen über die legalen, ethischen und moralischen Streitfälle, mit denen seine Untertanen zu ihm kamen. Seine Entscheidungen waren brillant, was ein Grund dafür ist, dass es viele Reisende nach Jerusalem zieht. Es ist eine Tatsache«, fuhr Tamrin fort, »dass Salomon als Jugendlicher einmal einen Rechtsstreit zwischen zwei Knaben geschlichtet hat! Der Disput nahm seinen Anfang, als der eine Knabe hungrig war und den anderen bat, ihm ein wenig von seinem Frühstück abzugeben. Der zweite Knabe war einverstanden, ihm eines seiner gekochten Eier zu leihen, unter der Bedingung, dass der andere ihm irgendwann Geld geben müsse, um ihn für jegliche Gewinne zu entschädigen, die er gemacht hätte, wenn er das Ei behalten hätte.«

»Das hört sich kompliziert an«, warf ich ein.

»Jahre, nachdem der hungrige Knabe das geliehene gekochte Ei gegessen hatte, kam der zweite Knabe, um die Vereinbarung geltend zu machen. Er verlangte ein Ei, was ihm der erste Knabe auch pflichtgerecht gab. Dann verlangte der Gläubiger eine riesige Summe Geldes als Ausgleich für das Einkommen, dass er seit dem Zeitpunkt verloren hatte, wo das Ei nicht mehr in seinem Besitz war. Die beiden Knaben stritten sich über diese Bedingung und einigten sich schließlich darauf, König Salomons Vater – König David – zu bitten, den Streit zu schlichten.«

»Wie hat König David entschieden?«, fragte ich neugierig.

»Nun, David kam zu dem Schluss, dass das ursprüngliche Ei im Laufe der Jahre viele Hühner produziert hätte und dass daher dem Gläubiger die riesige Geldsumme zustand. Auf dem Weg aus dem Gerichtssaal sprach der junge Salomon mit den beiden Knaben über die Situation. Er riet dem, der die große Summe schuldete, sich in ein in der Nähe des Palastes gelegenes Feld zu stellen und gekochte Bohnen auf die Erde zu werfen. ›Sag jedem, der vorbeikommt, dass du gekochte Bohnen pflanzt, um sie später zu ernten‹, riet Salomon.

Dies tat der Knabe, und bald gewann er den Ruf eines Verrückten, da jeder wusste, dass gekochte Bohnen keine Ernte produzieren konnten. Als König David dies zu Ohren kam, erkannte er, dass sein richterliches Urteil falsch gewesen war und dass ein gekochtes Ei dem Gläubiger weder Gewinne noch neue Hühner gebracht hätte. Die Anklage wurde fallengelassen. Von da an wurde Salomon eingeladen, bei den Vorgängen im Gerichtssaal seines Vaters zugegen zu sein.

Salomons Umgang mit Rechtsfällen ist einfach genial!« Tamrins Augen verschwanden in seinen Wangen, als er sich lachend an einen kürzlichen Fall erinnerte:

Drei Männer, die zu Fuß reisten, hatten einen dicken Beutel Münzen bei sich, den sie in einer Ecke eines Gasthauses versteckten, in das sie auf ihrem Weg zur Nacht eingekehrt waren. Als sie am nächsten Tag ihre Reise fortsetzen wollten, war der Beutel mit den Münzen verschwunden. Die Männer beschuldigten sich gegenseitig, das Geld gestohlen zu haben, und da niemand ein Geständnis ablegte oder die Münzen zurückgab, brachten sie ihren Fall zu König Salomon, damit er ein Urteil sprechen sollte.

Nachdem der König die Geschichte der drei Männer gehört hatte, beschloss er, ihnen eine Frage zu stellen, die ihm helfen würde festzustellen, wer von ihnen der Dieb war. Er erklärte, dass ein junger Mann und ein Mädchen versprochen hatten, einander zu heiraten, sobald sie das heiratsfähige Alter erreicht hatten. Außerdem stimmten sie überein, dass – sollte einer von ihnen jemand anderen heiraten wollen – dies in Ordnung wäre, wenn der Betreffende zuerst die Erlaubnis des anderen einholte.

Das Mädchen wuchs heran und verliebte sich in einen anderen Mann, daher ging sie zu ihrem Kindheitsfreund und bat um seine Erlaubnis, jemand anderen zu heiraten. Sie bot ihm sogar einen Teil ihrer Mitgift an, damit er sie aus ihrem Eheversprechen entlasse. Doch er lehnte das Geld ab und erlaubte ihr sofort, den Mann zu heiraten.

Auf ihrem Nachhauseweg raubte ein Dieb der jungen Frau ihr

Geld und drohte, ihr Schlimmes anzutun. Sie flehte ihn um Gnade an und klagte, dass das Geld von dem jungen Mann abgelehnt worden war, den sie gerade besucht hatte. Sie sagte: »Du solltest dich schämen, dass ein viel jüngerer Mann als du es abgelehnt hat, mein Geld zu nehmen. Jemand in deinem Alter sollte es eigentlich besser wissen.« Ihre Worte berührten das Herz des Diebes. Er gab ihr das Geld zurück, und sie kam heil zu Hause an.

Nachdem Salomon den drei Männern in seinem Gerichtssaal diese Geschichte erzählt hatte, fragte er sie, wer in der Geschichte das höchste Lob verdient hatte; die junge Frau, die ihr Versprechen hielt, die Erlaubnis zur Heirat einzuholen; der junge Mann, der ihr seine Zustimmung bereitwillig gab, ohne ein Bestechungsgeld anzunehmen; oder der Dieb, der der jungen Frau das Geld zurückgab?

Der erste Mann erklärte, dass die junge Frau es war, die das größte Lob verdient hatte, und der zweite Mann bezeichnete den jungen Mann als den Helden der Geschichte. Woraufhin der dritte Mann erklärte, dass der Dieb die größte Bewunderung verdiente, weil er das gestohlene Geld zurückgegeben hatte.

An diesem Punkt wusste Salomon, dass der dritte Mann den Beutel mit den Münzen von seinen Freunden gestohlen hatte. Der Dieb gestand seine Schuld und gab das Geld zurück.

Tamrins Erzählung über Salomons Weisheit beeindruckte mich sehr. Bevor ich einschlief, fragte ich mich, worüber Salomon wohl mit *mir* reden würde. Obgleich ich mich als intelligent und sehr belesen betrachtete, machte ich mir Sorgen, ob es mir möglich war, interessante Gespräche mit dem König zu führen. Ich beherrschte die hebräische Sprache nicht, so dass ich von vorneherein im Nachteil war.

* * *

Die Sonne brannte vom Himmel, als unsere Karawane auf unserer Reise nach Norden parallel zum Roten Meer ihren Weg suchte. Alle Mitglieder unserer Gruppe trugen *shemagh* – schützende Kleidung –, die sie um Kopf, Hals und Schultern gewickelt hatten, um sich vor den heißen Strahlen der Sonne zu schützen. Im Stillen betete ich zu Almaqah, dem Sonnengott, um Erleichterung – und ich war nur ein wenig überrascht, als bald danach eine kleine Wolke am Himmel erschien und sich vor die Sonne schob. Schließlich war Almaqah angeblich mein Gemahl, also würde er mich natürlich retten und vor der Hitze schützen!

Ich dachte über Tamrins Geschichte von König Salomons legendärer Weisheit nach. Anstatt mir weiter darüber Sorgen zu machen, wie meine Begegnung mit ihm verlaufen würde, beschloss ich zu beten: »Almaqah, bitte hilf mir, interessante und intelligente Gespräche mit König Salomon zu führen.«

Im nächsten Moment sah ich das Gesicht meiner Mutter vor meinem inneren Auge und hörte das Wort *Rätsel* in meinem rechten Ohr. *Rätsel? Was konnte das bedeuten?*, wunderte ich mich. Zum Rhythmus der rollenden Bewegungen meiner Kamele meditierte ich über dieses Wort. Ich legte mich nieder und schloß meine Vorhänge, um das Innere der Sänfte zu verdunkeln.

Bald war ich in einer anderen Realität und träumte von ihm. *Ich hatte sein Gesicht nicht mehr gesehen, seit wir zu dieser Reise aufgebrochen waren, daher stürzte ich mich aufgeregt in seine Arme. Ich atmetet seinen Sandelholzgeruch ein und schmolz in seiner warmen, kraftvollen Umarmung dahin.*

Er hielt meinen Kopf mit seinen Händen umfangen und blickte mir in die Augen: »Ich habe dich vermisst, mein Liebling«, murmelte er, bevor er sanft seine Wange an mein Gesicht legte.

Seine Zärtlichkeit ließ mein Herz schneller schlagen, und ich atmete heftiger. »Wo bist du gewesen?«, fragte ich ihn.

»Makeda! *Nicht!*«, unterbrach mich eine weibliche Stimme. Ich wandte mich um und sah meine Mutter, die ihre Arme nach mir ausstreckte. »Mutter, was tust du hier?«, verlangte ich zu wissen.

»Dich vor einem nicht wiedergutzumachenden Fehler retten!«, erwiderte sie mit fester, angespannter Stimme.

Ich war völlig verblüfft, und mein Kopf brummte vor Zorn. Ich erkannte, dass ich jetzt vollkommen wach in meiner Sänfte lag und dass meine Mutter tatsächlich körperlich da war. Ich berührte ihren Arm, dann meinen eigenen, nur um mich zu vergewissern, dass ich nicht mehr träumte. Einen Moment lang vergaß ich meinen Zorn darüber, dass meine Mutter meinen Traum unterbrochen hatte, und begann zu weinen. Ich hatte sie so sehr vermisst!

Mutter hielt mich eng umschlungen, während ich wie ein kleines Kind schluchzte. Nachdem sie mir Wasser zum Trinken gegeben hatte, beruhigte ich mich langsam.

»Mutter?«, sagte ich unter Tränen. Ich wollte sie fragen, warum sie mich verlassen hatte. Aus welchem Grund war sie jetzt hier? Bildete ich mir ihre Anwesenheit nur ein? Sah ich vielleicht nur eine Erscheinung aus der Geistwelt?

Doch Mutter legte ihre Finger auf meine Lippen, um meine Fragen verstummen zu lassen. »Ich werde dir alles erzählen, meine süße Tochter«, versprach sie. Ich lehnte mich in ihre sanfte Umarmung zurück und schlief wieder ein.

* * *

Ich wachte auf, als ich von draußen Tamrins Stimme hörte, und sofort fiel mir wieder meine Mutter ein. Ich öffnete die Augen und ging davon aus, dass sie nicht mehr da war, doch stattdessen sah ich sie aufrecht neben mir auf dem Bett sitzen! »Mutter!«, rief ich aus. »Du bist immer noch hier?«

»Ich bin immer hier gewesen, mein Engel«, lächelte sie.

»Was meinst du damit?« Ich wurde wieder wütend. Doch bevor ich sie weiter fragen konnte, klopfte Sarahil an meine Sänfte und fragte, ob sie die Vorhänge zuziehen sollte, um mich für die Nacht vorzubereiten.

»Sarahil, schau mal, wer hier ist!«, sagte ich aufgeregt. Sie und Mutter waren enge Vertraute gewesen.

Sarahil blinzelte und schaute sich in meinem kleinen Raum um, dann kicherte sie und schüttelte den Kopf. »Es war ein langer Tag, Königin Makeda«, meinte sie und reichte mir die Hand, um mir auf den Boden hinunterzuhelfen. Ich schaute zu Mutter hinüber, die grinste, mir zuzwinkerte und uns folgte.

»Sarahil, hast du gesehen, dass Mutter hier ist?«

Sarahil gab höflich vor, mich nicht zu hören. Liebevoll wollte sie vermeiden, mich in Verlegenheit zu bringen. War es möglich, dass Sarahil Mutter *nicht* sehen konnte?

Zum Abendessen am Lagerfeuer gab es *misser wot*, einen köstlichen, scharfen Linseneintopf. Viele unserer Mahlzeiten auf dieser Reise bestanden unter anderem aus getrockneten Hülsenfrüchten, der simpelsten Eiweißquelle, die man über die heißen Wüstenstraßen transportieren konnte.

Mutter saß während des ganzen Essens direkt neben mir. Sie wollte keinen eigenen Teller, doch naschte sie mit den Fingern von meinem – allerdings konnte sie nicht wirklich etwas von dem tatsächlichen Essen angerührt haben, denn egal wie oft sie etwas von meinem Teller stibitzte, es wurde nie weniger. Fast sah es so aus, als würde sie den *Schatten* der Linsen und der Sauce essen!

»Ich nehme die Essenz der Nahrung zu mir«, erklärte sie. »Auf meiner Schwingungsebene brauche ich keine physische

Nahrung, doch genieße ich ihren Geschmack und ihre Energie und nehme sie zu mir. Und auch nur, um dir Gesellschaft zu leisten, und weil ich es unterhaltsam finde.«

Auch ich empfand Nahrung »unterhaltsam«, doch konnte ich mir nicht vorstellen, sie nur einfach einzuatmen. Ich musste kauen und die Substanz dessen, was ich aß, in meinem Bauch fühlen, um gesättigt und zufrieden zu sein. Ich sah den ekstatischen Ausdruck auf Mutters Gesicht, als sie sich genüsslich ein wenig *misser wot* in den Mund steckte.

Ich starrte in das Feuer, hypnotisiert von den blauen Spitzen der tanzenden Flammen. Mutter lehnte sich zu mir herüber und sagte: »Wenn sie sehen, wie du mit mir sprichst, werden sie sich fragen, ob die Reise und die Hitze dir vielleicht zugesetzt und deinen Geist verwirrt haben, da mich außer dir niemand sehen kann.« Doch genau in diesem Moment kam ein kleines Mädchen von ungefähr drei Jahren auf Mutter zu und schaute sie mit weit aufgerissenen Augen an. »Nun, die *Erwachsenen* können mich nicht sehen«, fügte sie zwinkernd hinzu.

Ich unterdrückte ein Kichern, damit sich Sarahil keine Sorgen um meine geistige Gesundheit machen musste. Zum Glück war sie mit Tamrin in eine lebhafte Diskussion über den Reiseplan des nächsten Tages verwickelt. So wie es aussah, war es Tamrin, der die Auseinandersetzung gewann, doch tat er es auf seine angenehm diplomatische und freundliche Art.

»Mein Schatz, ich merke, dass du wütend darüber bist, dass dein Vater und ich dich verlassen haben«, begann Mutter. Ich biss mir auf die Lippen und schluckte hart. »Bitte begreife, dass ich dich nie *wirklich* verlassen habe. Ich war immer direkt neben dir und habe dir geholfen, dich geführt und sogar gerettet. Erinnerst du dich, wie du damals den Streitwagen genommen und alleine damit herumgefahren bist? Was glaubst du, wer deinen Sturz abgefedert hat, als der Wagen auf die Seite fiel, nachdem das Kamel von dem Vogel erschreckt worden war und ins Stolpern geriet?«

Ich erinnerte mich sehr wohl an diesen Tag! Als der Streitwagen sich nach links neigte, hatte ich das Gefühl, als würde ein Paar unsichtbarer, starker Arme mich aufheben und sanft neben der Straße niedersetzen. Stets hatte ich mich gefragt, wie das möglich war. Doch das war keine Erklärung dafür, warum meine Mutter mir jetzt plötzlich erschien.

»Und wie kommt es dann, dass ich dich bis vor ein paar Tagen nie gesehen habe?«, wollte ich wissen. Die Leute am Lagerfeuer schauten mich mit verwundeten Gesichtern an und fragten sich offensichtlich, mit wem ich da redete.

»*Denke* deine Fragen einfach nur, Makeda. Ich kann deine Gedanken hören. Wie auch immer, um deine Frage zu beantworten: Du warst bisher nicht in der Lage, deinen visuellen Sinn zu benutzen, um den Kontakt mit mir aufzunehmen«, lautete ihre rätselhafte Antwort. Ein Ausdruck des Mitgefühls huschte über Mutters Antlitz, als sie fortfuhr: »Obwohl du mich nicht sehen konntest, hast du meine Gegenwart immer *gefühlt*, ist es nicht so?«

Mir fiel die Nacht ein, in der mein Vater starb. Wenn er auch schon seit langem krank gewesen war und wir alle wussten, dass er bald sterben würde, war ich nicht darauf vorbereitet, wie traurig und alleine ich mich tatsächlich nach seinem Tod fühlen würde. In jener Nacht hatte ich nach meiner Mutter geweint. Ich erinnerte mich, wie ich mich daraufhin von einer Präsenz wie von einer warmen Decke liebevoller Energie eingehüllt fühlte. Ich war davon ausgegangen, dass ich mir dieses Erlebnis und unzählige andere, an die ich mich im Moment nur vage erinnern konnte, nur eingebildet hatte.

»Das warst also wirklich du?« Ich hielt meinen Atem an,

bis sie nickte, und atmete dann erleichtert aus in dem Wissen, dass sie mich nicht – wie von mir befürchtet – verlassen hatte. Ich wollte sie auf der Stelle umarmen, doch deutete sie auf die anderen Personen am Lagerfeuer: Haltung ist alles, wenn man Königin ist. Wir rutschten ein wenig weiter von den anderen weg – ich zog es vor, laut mit meiner Mutter zu sprechen und unbeobachtet mit ihr umzugehen.

»Dies war einer der Gründe, warum ich weggehen musste«, erklärte Mutter. »Der Stress vorzugeben, eine Adelige zu sein, untergrub meine physische Gesundheit und machte mich unglücklich. Jeder erwartete von der Königin, dass sie auf eine bestimmte Weise handelte – was so viel hieß, dass sie perfekt sein musste. Doch am meisten hat mich die Eifersucht, Rivalität und das hinterhältige Verhalten von Menschen zermürbt, die versuchten, mich zu manipulieren und meinen königlichen Rang zu benutzen, um ihre eigenen egoistischen Interessen zu verfolgen. Erinnerst du dich, wie krank ich damals war? Das waren die Symptome all des Ärgers und der Traurigkeit, die ich in meinem Körper festhielt. Du, Tamrin, Sarahil und dein Vater waren die einzigen Menschen mit reinen Absichten, die mir in meinem sterblichen Leben begegnet sind.«

»In deinem ›sterblichen‹ Leben?« Ich wollte genau verstehen, was Mutter da sagte.

»Ja, als ich menschliche Form annahm, um deinem Vater zu helfen, den Drachen zu töten«, bestätigte sie. »Wir verliebten uns, und ich konnte nicht zu meiner ursprünglichen Dschinn-Form zurückkehren. Ich erlag dem Versuch, den Erwartungen deines Vaters – und all der anderen Menschen – bezüglich meines Aussehens und Verhaltens gerecht zu werden. In jener Zeit verlor ich mich selbst völlig. Doch es spielte keine Rolle, denn du warst da, um mich gesund, glücklich und geerdet zu halten.«

»Warum hast du mich dann verlassen, Mutter?« Ich musste wissen, ob sie gegangen war, weil ich etwas falsch gemacht hatte, oder weil sie mich nicht mehr liebte, oder aus irgendeinem anderen unaussprechlichen Grund. Außerdem war es unmöglich, meine Ängste vor ihr zu verbergen, da Mutter meine Gedanken lesen konnte.

»Liebling, ich habe dich nicht verlassen. Ich habe mich nur in eine höhere Dimension begeben, die die meisten Menschen nicht sehen können. Du kannst mich jetzt erblicken, weil diese Reise deine Verbindung zur Natur, frischer Luft und Sonnenschein verstärkt hat. Tage- und nächtelang draußen zu sein hat dazu geführt, dass deine spirituellen Vibrationen erhöht wurden, was dir erlaubt, ganz natürlich und ohne Schwierigkeiten den Kontakt mit mir aufzunehmen. Lass mich dir helfen, bewusst mit dieser höheren Vibration in Verbindung zu kommen.«

Mutters Form wurde immer durchsichtiger, bis sie schließlich verschwand. Doch ich konnte noch immer ihre Stimme hören. »Schließe deine Augen, süße Makeda. Atme tief ein und konzentriere dich auf die Gefühle um deinen Kopf und deine Schultern herum«, leitete sie mich an. Ich gehorchte ihr, konnte jedoch nichts feststellen. Ich war kurz davor, panisch zu werden bei dem Gedanken, die spirituellen Talente meiner Mutter vielleicht nicht geerbt zu haben. *Was wäre, wenn ich nichts fühlen oder sehen könnte?*

»*Jeder Mensch* hat spirituelle Fähigkeiten, mein Engel!« Ich vergaß, dass Mutter meine Gedanken hören konnte. Liebevoll forderte sie mich auf, meine Augen erneut zu schließen und tief einzuatmen. Beim Ausatmen riet Mutter mir: »Streng dich nicht so an und achte darauf, dass deine Gedanken wirklich positiv bleiben. Glaube fest daran, dass du in der Lage sein wirst, meine Gegenwart zu fühlen, und dein Optimismus wird jedes Mal belohnt werden.«

Ich folgte ihren Anweisungen und verspürte plötzlich ein Gefühl weicher Wärme, als trüge ich eine kuschelige Decke um meine Schultern. Ich ließ mich in dieses angenehme Gefühl fallen und lehnte mich mit geschlossenen Augen nach vorne. Dann hörte ich das Knistern des Lagerfeuers und war im nächsten Augenblick zurück in der Gegenwart. Vielleicht hatte ich mir die Empfindungen nur eingebildet?

»Du hast sie dir nicht eingebildet, Liebling. Ich bin direkt neben dir und habe meine Arme um deine Schultern gelegt. Und jetzt stimme dich noch einmal ein.«

Mir schwirrte der Kopf. Aber Mutter war doch gestorben! Vermutlich war ich auf dem besten Wege, verrückt zu werden, vielleicht lag es an der Hitze der Wüste, dass ich halluzinierte! Mutters Erscheinung nahm noch einmal feste Form an, und ich fühlte, wie ihre Arme mich festhielten, als ich mich an sie lehnte. »Das ist genug für heute, mein Liebling«, sagte sie tröstend. Ich wünschte, der Augenblick würde nie enden.

8. *Kapitel*

Als ich aufwachte, war Mutter verschwunden, doch die zerknüllten Bettlaken und das eingedrückte Kopfkissen neben mir zeigten, dass ihr Besuch kein Traum gewesen war. Ihre Abwesenheit verursachte einen schmerzhaften Stich in meinem Herzen, und einen Moment lang wurde ich von einem Gefühl der Schuld ergriffen, als ich mit dem Zorn über ihr unbekümmertes Kommen und Gehen in meinem Leben kämpfte. *Ich sollte dankbar sein, dass sie mich besucht hat!*, sagte ich mir. Doch mein Magen zog sich krampfhaft zusammen, als ich mich fragte, wann ich sie wohl wiedersehen würde.

Ich schob den Gedanken an meine Mutter beiseite, indem ich die Vorhänge meiner Sänfte offen ließ und mich am Anblick der Wüstenlandschaft erfreute. Die rollenden Sanddünen waren eindrucksvoll mit vom Wind gepusteten Linien versehen, so als hätte eine Riesenkatze ihre scharfen Krallen über jeden Hügel gezogen. Hin und wieder machten kleine Blumen und Wüstentiere ihre Aufwartung, doch in der Regel war die einzige Veränderung der Szenerie auf die Umlaufbahn der Sonne zurückzuführen und die Schatten, die sich dabei bildeten.

Die Sonnenuntergänge waren gloriose und ehrfurchtgebietende Explosionen von Farbe, die uns jedes Mal die Hoffnung schenkten, dass die Reise am nächsten Tag leichter sein würde. Unsere bisherige Reise war lang und mühsam gewesen. Ich hatte weder eine Ahnung, wie lange wir bereits von zu Hause fort waren, noch wusste ich, wie lange wir noch brauchen würden, um unser Ziel zu erreichen. Ein Teil von mir *wollte* es gar auch nicht wissen.

Ich freute mich jeden Tag auf unsere Mahlzeiten, unsere tägliche Sonnenzeremonie am Nachmittag und auf den Schlaf. Die dazwischenliegenden Momente jedoch stellten unsere Ausdauer auf eine harte Probe. Mein Körper fühlte sich von den vielen Tagen des Sitzens auf meinen Kissen wund an. Doch wagte ich es nicht, mich zu beklagen, da die Situation der anderen noch viel schlimmer war. Wenigstens konnte ich mich während des Tages hinlegen und im Schatten meiner Sänfte Schutz vor der Hitze finden. Die anderen mussten auf harten Kamelsätteln sitzen – oder im heißen Sand zu Fuß gehen, was noch schlimmer war. Ich konnte kaum glauben, dass Tamrin diese Route schon so oft zurückgelegt hatte. Natürlich hatte er nie eine so große Karawane geleitet – eine Tatsache, die uns in Erinnerung gerufen wurde, als unsere Nahrungs- und Wasservorräte sich vorzeitig dem Ende zuneigten. Anscheinend hatte Tamrin nicht genug Mahlzeiten für unsere lange Reise einkalkuliert. Wir flehten Almaqah und Athtar an, uns mit ausreichend Nahrung und Wasser zu versorgen, damit wir bei Kräften blieben.

Eines Morgens wurde ich durch Lärm vor meiner Sänfte geweckt. Ich zog die Vorhänge zurück und sah Tamrin und einige andere Männer, die über einem Kamel knieten, das auf dem Boden lag. Das Tier grunzte, und heraus kam ein perfektes kleines Kamel-Baby! Ich war entzückt über dieses Wunder, denn ich hatte noch nie zuvor eine Geburt miterlebt. Einer der Männer säuberte das Junge, und das Mutterkamel stellte sich sofort wieder auf die Beine, um sich selbst um ihr Kleines zu kümmern. Ich machte mir Sorgen, ob das

Junge die Reise durch die Wüste überstehen würde, doch ich hätte wissen sollen, dass Tamrin einen Plan hatte. Er hob das Baby auf den Rücken des Kamels, das vor der Mutter ging. Auf diese Weise hatte sie ihr Kind beim Gehen ständig im Auge!

Wie ich dieses Kamelmutter beneidete! Die Tiere waren so frei von Einschränkungen. Ich andererseits musste nach einer Handvoll Regeln leben, zu denen gehörte, dass ich mein Leben lang Jungfrau bleiben musste, da ich mit einem Sonnengott vermählt war, dessen Berührung ich nie fühlen würde. Ich atmete tief ein, während ich mir wünschte, meine Mutter wäre da, damit ich mehr über meine Kindheit erfahren konnte und warum ich Königin werden musste.

In jener Nacht fiel es mir schwer, Schlaf zu finden. Vielleicht war ich im Laufe des Tages zu oft eingenickt, oder es mag an den scharf gewürzten Speisen gelegen haben, die meinen Stoffwechsel durcheinandergebracht hatten. Da mir heiß war, stieß ich die Bettdecke weg. Ich versuchte, das Federkissen aufzulockern, um es mir bequemer zu machen, doch auch das half nichts. *Es ist sinnlos, ich kann einfach nicht einschlafen,* entschied ich. *Ich bin hellwach und kann genauso gut einen kleinen Spaziergang in der kühlen Nachtluft machen.*

Der wachhabende Soldat vor meinem Zelt war eingeschlafen, so dass ich unbemerkt an ihm vorbeigehen konnte. Wieder einmal dankte ich Abby, meiner schönen Katze, die ich so sehr vermisste, dass sie mir gezeigt hatte, wie man sich leise bewegt, ohne bemerkt zu werden.

Sobald ich den Lagerplatz hinter mir gelassen hatte, entspannte ich mich und verlangsamte meinen Schritt zu einer gehenden Meditation in dem Versuch, mich zu beruhigen, damit ich einschlafen konnte. Das Licht des Mondes und der Sterne am Nachthimmel über mir warf blendende, blauweiße Schatten über die Sanddünen und Felsen. Die Schatten schienen sich zu bewegen, während ich ging, und einen Moment lang glaubte ich, meine Mutter mit einer Gruppe kleiner Gestalten gegen einen Stein gelehnt zu sehen. Ich schaute noch einmal hin und erkannte, dass ich es mir wohl eingebildet hatte.

Ich setzte mich hin, gegen einen großen Stein gelehnt, und schaute hinauf in den Himmel. Mehr als alles wollte ich mich zufrieden und glücklich fühlen, doch die nagende Leere in meinem Herzen zeigte mir, dass meinem Leben etwas fehlte. Doch was konnte das sein? Ich schloss meine Augen und betete zu Hawbas, der Göttin der Venus: »Hawbas, bitte hilf mir, mich erfüllt zu fühlen!«

Ich öffnete meine Augen gerade rechtzeitig, um eine Sternschnuppe zu sehen, die in einem perfekten Bogen durch den Nachthimmel stob. Als das Ende des Meteors auf den Lagerplatz hinunterzustürzen schien, empfand ich dies als Zeichen, ebenfalls in mein Zelt zurückzukehren. Hawbas Zeichen hatte mir ein gutes Gefühl gegeben – ich brauchte weder meine Mutter noch einen Ehemann, noch ein Baby, um mich erfüllt zu fühlen! Ich war eine starke Frau mit großen Talenten, die ihr Reich erfolgreich regierte. Ich konnte ohne die Hilfe anderer Erfüllung finden, vielen Dank.

Als ich zu meinem Zelt zurückkam, schien die Temperatur genau richtig zu sein, und meine Kissen waren äußerst bequem. Ich schlief sofort ein und war so entspannt, dass es mich beinahe störte, als *er* plötzlich auftauchte! Ich wollte wirklich einfach nur schlafen und nicht erregt und leidenschaftlich werden. Glücklicherweise war er in der gleichen Stimmung, also kuschelten wir uns nur eng aneinander – das heißt, bis Mutter erschien, mit dem Fuß aufstampfte und rief: *»Nein!«*, genau wie sie es beim letzten Mal getan hatte, als er und ich uns umarmten.

Ich erwachte und sah Mutter, die über mir stand, ihre

Arme trotzig vor der Brust verschränkt. »Makeda, du darfst diese Affäre nicht länger zulassen!«

»Aber Mutter, es ist doch nur ein Traum. Es ist nicht real!«

»Alles ist real, Makeda. Oder hast du das Schlüsselelement deiner Dschinn-Natur vergessen?«

»Mutter, ich weiß *nichts* über meine Dschinn-Natur!«

Mutter holte tief Atem und sah sich im Zelt um. Sie schien nach dem richtigen Fleck zu suchen, wo sie sich niederlassen konnte. Als Zeichen meiner Bereitschaft zum Frieden klopfte ich mit der Hand auf die Stelle neben meinem Kopfkissen, damit sie sich neben mich setzen konnte.

Mutter folgte meiner Einladung und sah mir direkt in die Augen. »Es wird dein Leben verändern, Makeda.«

»Was wird mein Leben verändern, Mutter?«

»Die Lehren über das Volk der Djinn«, sagte sie ernst. Der Ton ihrer Stimme ließ mich wundern, ob es nicht vielleicht besser wäre, nichts über die Eigenschaften und das Verhalten der Djinn zu wissen. Doch dann fühlte ich meine Füße, wie sie an der Bettdecke kratzten, und mir fiel ein, dass Sarahil nicht die Möglichkeit gehabt hatte, sie zu rasieren oder richtig einzuölen, seit wir vor mehreren Monaten unsere Reise angetreten hatten.

»Mutter, warum müssen unsere Füße so hässlich aussehen? Haben die Dschinn nicht die Fähigkeit, jede beliebige Form anzunehmen?«

Liebevoll streichelte Mutter meine Füße und stellte ihre eigenen neben meine: Sie waren beinahe identisch. »Aber Liebling, unsere Füße sind doch wunderschön! Sie sind einfach herrlich! Sie eignen sich perfekt, über jedes Terrain zu gehen, auf jeden Baum oder Busch zu klettern oder schwere Lasten zu tragen. In unserer Welt sind unsere Füße ein Symbol der Schönheit.«

»Nicht in der Welt der Menschen, Mutter«, seufzte ich und zog mir die Bettdecke über die Füße.

»Ich kann dir zeigen, wie du die menschliche Wahrnehmung beeinflussen kannst, damit niemand deine Füße bemerkt«, bot Mutter an.

Dankbar nahm ich dieses Angebot an, und Mutter umfasste mit ihren Händen meine Füße, die zuerst warm und dann heiß wurden. Ich bewegte meine Füße, um die aufsteigende Hitze erträglich zu machen, doch Mutter bestand darauf, dass ich mich still verhielt. Bald leuchtete die Energie, die Mutter meinen Füßen sandte, wie die aufsteigenden Nebel, die eine Fata Morgana im Wüstensand erscheinen lassen. Mutter atmtete tief ein und aus, und die schwirrende Hitze wurde zu einem Licht, das meine Füße komplett verdeckte. Ich konnte sie nicht länger sehen; alles, was ich sehen konnte, waren zwei Kugeln aus Licht!

Ich bettelte Mutter darum, mir das Geheimnis zu zeigen, und sie hielt meine Hände auf eine Weise zusammen, dass meine Daumen parallel verliefen, die Spitzen meiner Zeigefinger sich berührten und meine geöffneten Handflächen nach oben zeigten. Mutter dirigierte meine Hände nach unten zu meinen Füßen und forderte mich auf, tief ein- und auszuatmen und mir dabei ein Feuer vorzustellen. »Atme die Flammen ein!«, sagte sie. »Und dann beobachte, wie sie in deinem Inneren immer größer werden und aus deinen Händen herauskommen.«

Da sich meine Hände sehr heiß anfühlten, schüttelte ich sie, um sie abzukühlen. Mutter packte sie und befahl: »Konzentriere dich!« An ihrem Ton konnte ich erkennen, dass ich diese Lektion ernst nehmen musste.

Erneut begann ich, tief ein- und auszuatmen, während ich mir eins von Tamrins lodernden Lagerfeuern vorstellte. Dann kam mir der Gedanke, dass die Sonne viel heißer war als ein einfaches Lagerfeuer, also bat ich im Stillen Almaqah um ein wenig *echte* Hitze. »*Autsch!*«, entfuhr es mir. Meine Bitte hatte *zu gut* funktioniert!

»Konzentriere dich, Makeda«, sagte Mutter. »Versuch nicht, irgendetwas passieren zu lassen. Konzentriere dich einfach auf das Feuer, so als wäre es wirklich da. Fühle seine Hitze; rieche seinen Rauch; und vor allem sieh seine strahlende Helligkeit, Farben und Bewegung.«

Ich sah die gelben und blauen Flammen des Lagerfeuers in meinem Körper tanzen und aus meinen Händen herausströmen. Ich konzentrierte mich mit aller Kraft auf das Feuer, wie Mutter es mir geraten hatte.

»Und jetzt, Makeda, halte den Gedanken fest, das Licht des Feuers auf deine Füße zu übertragen, um sie unsichtbar zu machen. Du musst nichts anderes tun als das. Befehle dem Feuer in deinem Inneren und sag ihm, was du wünschst.«

Sollte es wirklich so einfach sein? Ich hatte immer gedacht, dass Dschinn-Magie komplizierten und strengen Regeln unterworfen war. Während ich über diese Frage nachdachte, verschwand das Bild der Flammen vor meinem inneren Auge, und meine Hände kühlten ab.

»Konzentriere dich!«, hörte ich erneut die Stimme meiner Mutter.

Ich nahm einen tiefen Atemzug und rief mir das Bild, die Gefühle und Gerüche des Lagerfeuers zurück. Ich atmete diese Vorstellung ein, um die Essenz des Feuers in mich aufzunehmen. Dann sagte ich ihm, ich wünschte mir, dass sein Licht den Anblick meiner Füße verbarg. Meine Hände wurden immer wärmer, bis sie schließlich heiß wir Feuer waren. Ich hielt sie unbeweglich auf meine Füße gerichtet und konzentrierte mich auf die Vision und meine Absicht. Langsam öffnete ich meine Augen und schrie auf, als ich zwei Bälle aus Licht sah, die über meinen Füßen schwebten und sie völlig unsichtbar machten. »Ich hab's geschafft, Mutter!«

»Natürlich hast du es geschafft, mein Engel. Ich habe deine Fähigkeiten nie angezweifelt.«

Jeden Abend, nachdem die anderen schlafen gegangen waren, zeigte Mutter mir nun, wie ich mit der Energie von Licht und Feuer arbeiten konnte. Sie musste nicht darauf achten, unbemerkt zu bleiben, da ich die einzige Erwachsene war, die sie sehen oder hören konnte; dennoch hielten wir unsere Treffen heimlich ab, da es sonst den Anschein erwecken könnte, ich würde mit jemandem reden, den ich mir nur einbildete und der gar nicht wirklich existierte.

Meine unbändige Wut über Mutters »Tod« verschwand langsam, und ich fühlte, dass ich durch unsere erneuerte, tiefe Freundschaft einen verlorenen Teil meiner Seele wiedergewann. Sie war eine wundervolle Lehrerin, von der ich sogar lernte, wie ich den Ball aus Licht vergrößern konnte, um mich völlig unsichtbar zu machen (was eine fantastische Fertigkeit war, die mir erlaubte, Tamrins und Sarahils aufmerksamen Blicken zu entgehen).

Ich fragte Mutter, warum wir so viel mit Feuer arbeiteten, und sie überraschte mich mit der Erklärung, dass die Dschinn aus Feuer geschaffen wurden.

»Alle Lebewesen wurden aus einem der vier grundlegenden Elemente Erde, Luft, Wasser oder Feuer kreiert, das sich mit dem fünften Element des Geistes verbindet«, sagte sie. »Menschen bestehen aus dem Erdelement, was bedeutet, dass sie materielle Bedürfnisse haben und ihre Energie dichter und schwerer ist. Meereswesen, die in den Ozeanen und Flüssen leben, gehören dem Element des Wassers an. Und die Engel gehören zum Element der Luft.«

Tamrin hatte bei seinen Erzählungen über König Salomon kurz auch Engel erwähnt, doch ich wusste noch immer nicht, wer oder was sie waren, also bat ich Mutter, es mir zu erklären. Sie murmelte etwas darüber, dass ich noch schnell genug etwas über Engel lernen würde, und änderte dann sehr nachdrücklich das Thema. Mir war klar, dass ich Mutter jetzt nicht zu weiteren Informationen drängen konnte, wenn sie nicht darüber sprechen wollte – doch war ich neugierig über diese Engel aus der Luft, also beschloss ich zu erfahren, ob Tamrin mehr darüber wusste. Schließlich war er ein Mann, der in der Welt herumgekommen war, der auf seinen Reisen viel gesehen und gelernt hatte.

»Engel also, hm«. Tamrin blinzelte mich an, während das Lagerfeuer unheimliche Schatten über sein Gesicht warf. Lange Zeit sagte er kein Wort, so dass ich es schon bereute, ihn nach einem Thema gefragt zu haben, das so offensichtlich geheim war, dass sogar meine eigene Mutter nicht mit mir darüber sprechen wollte.

»Alles, was ich über Engel gehört habe, ist, dass König Salomon eng mit ihnen zusammenarbeitet. Wie hieß doch noch der Engel, mit dem er ganz besonders eng verbunden ist? … O ja, Michael!«

Michael. Der Name ließ mir einen Schauer über den Rücken laufen, so als wüssten meine Zellen etwas von einer tief im Verborgenen liegenden Erinnerung. »Was tut dieser Michael für Salomon?«, fragte ich, nicht sicher, ob das wirklich meine Frage war.

»Soweit ich es verstehe, geht es eher darum, was Salomon *für Michael* tut«, erwiderte Tamrin bedächtig. »Nun, mein Wissen über die Engel ist auf Hörensagen beschränkt, und mein Verständnis der hebräischen Sprache, die die meisten Menschen in Jerusalem sprechen, ist begrenzt.«

Hebräisch! Ich wusste praktisch nichts über diese Sprache. Plötzlich machte ich mir Sorgen, ob diese ganze Reise nicht ein einziger großer Fehler war!

Als Antwort auf meine unausgesprochene Frage versicherte Tamrin mir, dass König Salomon die Sprache der Sheba ausgezeichnet beherrschte. Wir würden keine Schwierigkeiten haben, uns verbal zu verständigen. Dann fügte er hinzu: »Vergiss nicht, dass der Gott von Israel König Salomon die Macht gegeben hat, über alle Menschen, Tiere, Vögel, Engel und Dämonen zu herrschen und mit ihnen zu kommunizieren. Ich habe sogar gehört, dass der Engel Michael König Salomon einen besonderen Ring gegeben hat, den er benutzt, um zweiundsiebzig Dämonen zu kontrollieren, die seinen Tempel bauen! Er deutet mit dem Ring in ihre Richtung, und die Dämonen unterliegen sofort völlig der Kontrolle des Königs.«

»Dämonen! Das ist ein abschätziger Name für das Volk der Dschinn!«, warf ich entrüstet ein. Dieser König Salomon schien ein äußerst unsensibler Mensch zu sein. Vielleicht wäre ich letztendlich doch nicht in der Lage, mit ihm zu kommunizieren, egal wie viele Sprachen er beherrschte.

Ich war mir nie sicher, ob Tamrin sich über die Dschinn-Herkunft meiner Muter und mir im Klaren war. Es schien ein Tabu-Thema zu sein und wurde selten erwähnt, sogar dann nicht, wenn Sarahil meine Füße behandelte. Was jedes Mal dazu führte, dass ich mich meiner Herkunft schämte, so als wäre es irgendetwas Schlechtes. Und wenn jemand den verächtlichen Ausdruck »Dämon« benutzte, zog ich buchstäblich meinen Kopf ein. Die Dschinn waren ein zutiefst missverstandenes Volk!

Tamrin legte mir den Arm um die Schulter, um mich zu beruhigen. Er wusste besser als alle anderen, dass ich immer dann, wenn mein Zorn geweckt war, impulsiv sprach und handelte wie ein kleines Kind, das sich noch nicht beherrschen kann. Mutter hatte mir erklärt, wie wichtig es sei, mich selbst zu beobachten, wenn ich wütend war, damit ich keine

»Feuerbälle« auf die Menschen warf. Ich arbeitete noch mit ihr an dieser Lektion.

Schließlich ergriff Tamrin erneut das Wort, doch so leise, dass es beinahe ein Flüstern war. Seine Stimme war melodiös, bereichert mit Akzenten der verschiedenen Sprachen und Kulturen, die er kennengelernt hatte. Ich bewunderte und liebte ihn aufrichtig und von ganzem Herzen. »Jetzt weißt du, dass Menschen, wenn sie diesen Begriff benutzen« – er wollte das Wort Dämonen nicht aussprechen und riskieren, meinen Zorn erneut zu wecken – »sich auf die andere Art von Dschinn beziehen«, erinnerte Tamrin mich. »Fast jeder Mensch weiß, dass die Djinn die weisesten, reinsten und vertrauenswürdigsten aller Dschinn sind. Diejenigen, die das nicht wissen, sind einfach nur ignorant und nicht wert, dass man ihnen überhaupt zuhört.«

Tamrin hatte recht. Die Djinn, zu denen meine Mutter und ich gehörten, waren eine andere Spezies, wurden aber der gleichen Dschinn-Linie zugeordnet. Das heißt, bis jemand wusste, dass die Shaytan-Dschinn nichts mit uns liebenswerten Djinn zu tun hatten.

Vielleicht war es an der Zeit, unseren Namen zu ändern und uns von der Dschinn-Linie ein für allemal loszusagen! Ich seufzte vor Erschöpfung bei dem Gedanken an eine solch monumentale Public-relations-Kampagne. Es war besser, die Angelegenheit nur für mich selbst zu regeln. Mutter hatte gesagt, dass man nicht kontrollieren konnte, was andere Leute dachten, warum sollte man also seine Zeit und Energie darauf verschwenden?

In dieser Nacht schlief Mutter neben mir, ohne mir vorher Anweisungen oder Lektionen zu erteilen. Sie musste gespürt haben, wie müde ich nach beinahe fünf Monaten Reise war. Der Wüstensand war mittlerweile in jede Ritze meiner Sänfte gedrungen, und ich spürte seinen knirschenden Geschmack ständig auf der Zunge. Ich war schlecht gelaunt und wollte zurück nach Hause in mein eigenes Bett, zu meiner Katze und sandfreien Mahlzeiten!

Anscheinend fand Mutter, dass ich am leichtesten dadurch zu beruhigen war, indem sie mich in meinen Träumen besuchte. Kaum war ich eingeschlafen, saßen sie und ich in meinem geliebten Palastgarten daheim in Sheba. Eine kühle Brise schwebte herbei und brachte köstliche Blumendüfte, während sie mir erklärte, dass ich eine sehr wichtige Lebensaufgabe in Jerusalem zu erfüllen hatte. Es wäre von großer Bedeutung für mich, König Salomon zu begegnen, betonte sie, und mich nicht von Emotionen ablenken zu lassen (einschließlich jeglicher Anziehung, die ich vielleicht für andere Männer verspüren würde).

Sie legte mir meine Lebensaufgabe in allen Einzelheiten dar, doch als ich am Morgen erwachte, konnte ich mich nur an Fragmente dessen erinnern, was sie gesagt hatte.

Schließlich meinte sie: »Unsere Träume enthalten Informationen aus der vierten Dimension, die von unserem bewussten, dreidimensionalen Verstand nicht verarbeitet werden können!«, und mir war klar, dass es an der Zeit war, das ganze Thema loszulassen.

Alles, was ich wusste, war, dass meine Mutter und irgendeine unnennbare Macht mich nach Jerusalem zogen … und zu König Salomon, seinen Engeln und Dämonen.

9. *Kapitel*

Es sollte eine weitere schlaflose Nacht werden. Obwohl ich aufgeregt darüber war, König Salomon kennenzulernen und die Erzählungen über seine Engel mich faszinierten, forderten die Unannehmlichkeiten der Reise ihren Tribut von meinem Körper. Es wollte mir einfach nicht gelingen, es mir bequem zu machen, egal wie viele Kissen ich unter meinen Allerwertesten schob! Der Mann meiner Träume war seit Mutters letzter Unterbrechung nicht wiedergekommen, also hatte ich auch diese Fluchtmöglichkeit verloren.

Ich wusste nicht, wie lange ich das blendende Sonnenlicht über den endlosen Sanddünnen noch ertragen konnte! Allerdings war ich nicht die Einzige in unserer Karawane, die des Reisens langsam überdrüssig wurde. Die anderen sahen alle reichlich mitgenommen aus, und es gab noch immer nicht genug Nahrung und Wasser für den Rest der Reise. Was sollten wir tun?

Dann kam der Abend, als unser geliebter Gott Athtar uns gnädig einen Sturm und Regen sandte. Unsere Zelte wurden umgeweht, und wir waren alle bis auf die Haut durchnässt, doch machte es niemandem etwas aus. Jeder – einschließlich unserer Kamele und Esel – badete glückselig in dem Regen, während Tamrins Männer Eimer mit dem kostbaren Nass füllten. Endlich durften wir sicher sein, dass alle Tiere und Menschen in unserer Karawane genug zu trinken haben würden.

Mutter fuhr fort, mir Lektionen in Djinn-Magie zu geben. Ich lernte, das Licht des Feuers zu dirigieren, um Wunden, Wasser, Nahrung und alles andere zu desinfizieren, was sterilisiert werden musste. Ich hörte auf, mit Feuerbällen um mich zu werfen, wenn ich zornig war. Stattdessen besänftigte ich meine Wut, um die Situation in meinem Interesse zu lösen.

Zum Beispiel wurde ich eines Nachts durch das laute Lachen und Singen von Tamrins Männern aufgeweckt. Ich kochte vor Wut. Anstatt ihr Gelage zu beenden, fühlte ich mich von ihrem Krach vergewaltigt. Diese ohnmächtige Wut, lehrte Mutter mich, war wie das Werfen heißer Pfeile in die Richtung der Übeltäter. Das hatte ich nicht gewusst, doch am nächsten Morgen klagten die Männer über Rückenschmerzen. Mutter erklärte mir daraufhin, dass meine Feuerspeere für diesen Schmerz verantwortlich waren!

Sie sorgte dafür, dass ich meine Feuerspeere zurücknahm, indem ich mir kühlen Wasserdampf in Form eines großen, herrlich blauen Lichtes vorstellte. Mutter ließ mich dieses blaue Strahlen einatmen, um es dann aus meinen Handflächen und Fingern in den Rücken der Männer fließen zu lassen, um ihren feurigen Schmerz zu kühlen, so wie Wasser Flammen löscht.

Viele meiner Djinn-Lektionen verliefen so ähnlich, wobei Mutter mich lehrte, die Verantwortung für meine Gefühle zu übernehmen. »Emotionen sind pure Kraft, Makeda«, wiederholte sie des Öfteren. »Leite diese pure Kraft in die von dir gewünschte Richtung, und du wirst dich nie wieder als Opfer fühlen!«

Immer wieder suchte ich nach Hintertürchen in dieser Philosophie, nach irgendwelchen Schwachstellen, doch jedes Mal zeigte Mutter mir, wie ich meine Visualisierung des Feuers nehmen und sie mit meinen starken Emotionen koppeln konnte, um positive Wirkungen zu erzielen. Als Tamrin einmal Schwierigkeiten hatte, das Lagerfeuer zu entzünden, lugte ich kurz aus meinem Zelt heraus und sandte Feuer, bis das Holz zu brennen begann. Tamrin merkte niemals, dass ich das Feuer entzündet hatte – und ich gestand es ihm nie.

Wenn ich mich selbst bemitleidete, erinnerte Mutter mich daran, die Kontrolle über die Situation zu ergreifen. Mit ihrer Hilfe war ich in der Lage, Zorn, Ablehnung oder Frustration in positive Wege umzulenken. Jedoch gab es einige Situationen, von denen ich ihr nichts sagte, da ich merkte, dass auch Djinn-Magie sie nicht ändern konnte.

»Welche zum Beispiel?«, wollte Mutter wissen.

Verflixt! Ich hatte wieder einmal vergessen, dass sie meine Gedanken *hören* konnte! Nun gut, warum sollte ich nicht einen Versuch unternehmen, ihr meine Gefühle über diese viel zu lange Reise zu schildern?

Mutter hörte mitfühlend zu, als ich meine Qual über die monotonen Tage dieser Reise durch die endlose Wüste zum Ausdruck brachte. Ich hatte nicht das Gefühl, dass wir Jerusalem auch nur einen Deut näher kamen, sondern spürte nur, dass meine Augen, mein Mund und meine Haare Tag und Nacht voller Sand waren!

»Liebling, ich warte darauf, dass du deine Klagen in einen Ausdruck der Kraft verwandelst!«

Schon wieder dieser Satz! Mutter sagte immer wieder, dass jede Sorge, jede Angst, jede Klage oder jedes Problem in das umformuliert werden konnte, was sie *Aussage der Kraft* nannte. »Entscheide klar, wie das von dir ersehnte Traumresultat aussehen würde«, sagte sie. »Und dann formuliere diesen Traum in eine definitive Aussage um, die besagt, dass es das ist, was du vom Universum in diesem Moment erwartest.«

Anstatt gemeinsam mit mir meine lange Reise nach Jerusalem zu beklagen, drängte Mutter mich: »Ergreife die Kontrolle und unternimm etwas in dieser Situation, Makeda! Solange du dich beschwerst, bestätigst du damit dein Opfersein als absoluten Faktor, der nicht verändert werden kann. Doch mit der Aussage der Kraft gewinnst du die Fähigkeit wieder, ein anderes, angenehmeres Resultat zu erfahren.«

»Willst du damit sagen, ich würde lernen, die Reise zu genießen?«, fragte ich.

»Das wäre eine Lösung. Doch welches Resultat würde dir noch verlockender erscheinen?« Mutters Lehrstil bestand darin, mit einer Frage zu antworten.

Ich konnte es nicht einmal in Worte fassen, da es selbst für die Möglichkeiten der Djinn-Magie zu weit hergeholt schien. Unverwandt schaute Mutter mich an, bis ich schließlich sagte: »Ich möchte, dass die Reise vorbei ist, damit wir endlich in Jerusalem sind!« Es war ein Durchbruch! Die Worte waren ausgesprochen!

»Herzlichen Glückwunsch, Makeda. Du hast soeben deine Aussage der Kraft gemacht!«

Mutter hatte die ganze Zeit gewusst, dass dies möglich war, doch gewartet, bis ich die Geduld mit der nie enden wollenden Reise durch die Wüste verlor. Ich flehte Mutter an, mir zu zeigen, wie ich unsere Karawane auf magische Weise nach Jerusalem transportieren konnte. Jetzt, wo mein Appetit geweckt war, war ich nicht bereit, auch nur noch eine einzige weitere Nacht in meinem Zelt zu verbringen!

»Bitte, Mutter«, beharrte ich.

Mutter zischte, dass ich ihr meine Kraft überließ. Sie sagte, dass alles, was sie tun konnte, auch mir möglich war. Das war das Letzte, was ich von ihr hören wollte. Beleidigt rollte ich mich daraufhin auf die andere Seite des Bettes und drehte ihr meinen Rücken zu, während mir die Tränen übers Gesicht liefen. Vielleicht war diese ganze Reise ein einziger gigantischer Fehler gewesen!

Als ich Mutters Hand auf meiner Schulter fühlte, schüttelte ich sie ab. Wenn sie mich wirklich liebte, würde sie mich aus dieser schrecklichen Qual erretten! Ich schlief ein und träumte, dass Mutter und Tamrin *kik alitcha*, einen Eintopf aus Kichererbsen, über dem Lagerfeuer zubereiteten. Beide deuteten sie mit den Händen auf den Rauch, der in der kühlen Brise aufstieg. Ich folgte den Bewegungen des Rauches, bis er in den nächtlichen Himmel entschwebte.

Der Rauch! Ich setzte mich auf und sah Mutter, die wie eine alte Zauberin grinste. »Verstehst du jetzt, Makeda?«, fragte sie und streichelte mir übers Haar.

»Ich glaube ja, Mutter.« Vorsichtig rief ich mir alles ins Gedächtnis zurück, was Mutter mir über das Arbeiten mit dem Rauch des Feuers gesagt hatte, um unsere Vibrationen zu verändern, damit wir schneller, angenehmer und weiter reisen konnten.

»Ja, das ist ein Teil davon«, bestätigte Mutter. »Das gleiche Element des Feuers, mit dem du schon so viel Erfolg gehabt hast, wird dir auch deinen Wunsch nach sofortigem Reisen erfüllen. Rauch kann sich auf dem Weg subtiler Energien fortbewegen, ebenso wie die Sonnenstrahlen, die mit Lichtgeschwindigkeit große Entfernungen zurücklegen.«

Die Sonnenstrahlen! Almaqah! Warum hatte ich nicht früher daran gedacht?

»Du warst zu sehr damit beschäftigt, zu klagen und dich zu bemitleiden«, beantwortete Mutter meine stumme Frage. Ich rätselte darüber nach, ob ich jemals in der Lage sein würde, Gedanken so perfekt lesen zu können wie sie.

»Natürlich! Du kannst jetzt sofort damit anfangen!«, erwiderte sie prompt. »Beginne mit einer Aussage der Kraft, die ausdrückt, dass du bereits Gedanken lesen kannst.«

Ich murmelte etwas über Gedankenlesen vor mich hin.

»Formuliere es klar und positiv!«, fuhr Mutter dazwischen. Dann wurde ihre Stimme weicher: »Es tut mir leid, mein Schatz, ich möchte nur, dass du diese Lektion verinnerlichst, die du beinahe schon verstanden hast.«

Ich fragte mich, ob ich mit einem müden, benebelten Geist erfolgreich lernen konnte. Doch auf Mutters Wunsch fuhr ich fort, meine Aussage der Kraft umzuformulieren und in Worte zu fassen, bis ich tatsächlich fühlen konnte, wie ihre Kraft meinen Geist und meinen Körper erfüllte.

»Ich habe schnellen Zugang zu den Botschaften und hilfreichen Informationen, die andere Menschen denken. Ich wende diese Fertigkeit im Namen der Liebe, der Heilung und des Segens für alle an!«, sagte ich voller Überzeugung.

Dann forderte Mutter mich auf, mich ihrem Atemtempo anzupassen. Sie schloss die Augen, und ihre Brust hob und senkte sich mit jedem Atemzug. Ich ahmte ihr tiefes Atmen nach und sah, wie meine eigene Brust sich hob und senkte. Schon bald hörten sich unser beider Atemzüge wie ein einziger an.

»Behalte dieses Atemtempo bei, während du auf das achtest, was als Nächstes kommt, Makeda«, riet sie mir. »Sobald dein Atem mit dem der anderen Person übereinstimmt, stellst du innerlich eine Frage, auf die du gerne eine Antwort hättest. Du kannst zum Beispiel fragen: *Was denkst du?*, oder: *Wie kann ich helfen?*«

Erneut schloss Mutter ihre Augen, während ich darauf achtete, dass wir im gleichen Rhythmus atmeten, bevor ich selbst die Augen schloss und innerlich fragte: *Liebst du mich?* Sofort hörte ich: *Natürlich! Und jetzt frag' etwas anderes*.

Ich öffnete meine Augen und sah Mutter, die mir ein koboldhaftes Lächeln schenkte. Fast fielen wir beiden vor Lachen vom Bett, bevor wir mit unserem Gedankenlesen fortführen, was ich ohne Schwierigkeiten meisterte, nachdem ich erst einmal meine Scheu überwunden hatte. Und mit ein wenig Übung merkte ich, wie mein Selbstvertrauen wuchs und ich überzeugt war, dass ich tatsächlich die Gedanken anderer Menschen lesen konnte!

Während der nächsten Tage arbeitete Mutter mit mir daran, meine Fähigkeiten beim Channeln von Sonnenlicht durch meine Hände und bei der ›Aussage der Kraft‹ zu verfeinern. Ich legte meine Hände mit den Daumen nach oben um die Lichtbälle und hielt sie auf kleine Ziele – zum Beispiel Blätter oder Steine – gerichtet. Dann formulierte ich Aussagen der Kraft, die besagten, dass die Objekte entlang den Strahlen der Sonne zu dem von mir festgelegten Ziel reisen würden.

Bei meinem ersten Versuch fing das Blatt Feuer! Mutter leitete mich an, meine Hände nur halb um mein Objekt zu schließen, damit der Großteil der Sonnenstrahlen in die Richtung wies, die ich für das Objekt bestimmt hatte. Dieses Mal funktionierte es! Es gelang mir tatsächlich, ein Blatt auf die Reise zu schicken – irgendwie erschien es im nächsten Moment auf der gegenüberliegenden Seite des Lagerplatzes. (Ich wusste, dass es dasselbe Blatt war, da es besondere Markierungen hatte). Es schwebte nicht durch die Luft; vielmehr löste es sich vor meinen Augen auf und materialisierte sich auf der anderen Seite, wo meine Mutter stand.

Durch Ausprobieren gelang es mir bald, auch Steine durch Geisteskraft zu befördern. Dabei musste ich meine Überzeugung aufgeben, dass Steine schwer waren und es mehr Energie erfordern würde, sie zu transportieren. Nachdem Mutter mir erklärt hatte, dass von einem energetischen Standpunkt aus betrachtet alle Objekte gleich viel wiegen, behandelte ich die Steine, als seien sie mit den Blättern identisch, die ich bereits transportiert hatte.

Eines Tages erklärte Mutter, ich sei jetzt soweit, dass ich ein Kamel transportieren könnte. Ich schreckte zurück und dachte, dass ich besondere Anweisungen bräuchte, um ein lebendiges Wesen zu bewegen. Mutter zerstreute meine Zweifel. »Alle physischen Objekte bestehen aus den gleichen Partikeln und Energien«, betonte sie.

Als ich meine mentalen Blockaden überwunden hatte, war der »Transport« des Kamels genauso einfach wie der der Blätter und Steine. Mutter sagte dazu: »Du kannst dieselben magischen Prinzipien anwenden, um ganze Gebäude voller Menschen von einem Ort an einen anderen zu versetzen.«

Nachdem ich erfolgreich mit dem Bewegen eines Zeltes, mehrerer Kamele und eines Streitwagens experimentiert hatte, forderte Mutter mich auf, *sie* zu transportieren. Noch einmal musste ich einschränkende Glaubenssätze aus meinem Denken entfernen, einschließlich der Angst, sie zu verletzen oder zu enttäuschen. Mit Mutters Versicherung, dass nur Gutes passieren würde, versetzte ich sie von unserem Lagerplatz zu einer weiter entfernten Düne.

Als sie an meine Seite zurückkehrte, sah Mutter mich mit großen, seelenvollen dunklen Augen an. Dies war stets ein Signal, dass sie mir etwas Wichtiges mitzuteilen hatte. »Liebling, du hast gesagt, dass dich zwei Dinge gedanklich besonders beschäftigen, eines davon ist diese lange Reise. Wir werden uns morgen mittag mit diesem Problem befassen. Was ist das zweite Thema, das du gerne ansprechen möchtest?«

Ich erklärte ihr meinen Wunsch, einen richtigen Ehemann aus Fleisch und Blut und eigene Kinder zu haben. »Aber ich bin mit dem Sonnengott verheiratet, und es wird von mir verlangt, dass ich während meiner Zeit als Königin Jungfrau bleibe!«, klagte ich.

»Das hört sich für mich nicht wie eine Aussage der Kraft an«, schimpfte Mutter.

Ich konnte nicht glauben, dass ihre Aussagen der Kraft bei *allem* funktionierten. Die Sache mit dem Ehemann und den Kindern stellte mit Sicherheit die Ausnahme dar. Doch Mutter half mir, das scheinbare Problem zu nehmen, es umzudrehen und in eine positive Erklärung zu verwandeln: »Ich bin mit einem wundervollen, sterblichen Mann glücklich verheiratet, und wir haben eins oder mehrere zauberhafte, gesunde Kinder!«

Dann erklärte sie: »Deine Lebensaufgabe wird dir beizeiten enthüllt werden und diese ganze Situation lösen. Mach dir keine Sorgen, Makeda. Du wirst ein Kind und einen Ehemann haben und trotzdem Königin von Sheba sein.«

Mir war klar, dass ich Mutter nicht nach mehr Einzelheiten fragen durfte, wenn sie mit dieser Bestimmtheit sprach. Dennoch war ich innerlich sehr aufgeregt und hoffte insgeheim auf weitere Informationen über dieses Thema. Ich wusste nicht, wie es passieren würde, doch vertraute ich Mutters Weisheit und Einsicht. Jetzt versuchte ich erst einmal zu schlafen. Morgen würden wir in Jerusalem sein!

10. *Kapitel*

Als ich am nächsten Morgen aufwachte, war es offensichtlich, dass es für Tamrin, Sarahil und die anderen Mitglieder unserer Karawane nur ein weiterer, ganz normaler Tag zu sein schien. Sie hatten keine Ahnung von der Magie, die auf sie wartete.

Begeistert begann ich meine Sachen zu packen, bevor ich ein üppiges Frühstück zu mir nahm. Sarahil merkte an, dass ich heute in so guter Stimmung sei wie seit langem nicht mehr, und ich musste ihr beipflichten. Ich hätte ihr so gerne den Grund für meine Freude enthüllt, doch dann erinnerte ich mich an mein Versprechen Mutter gegenüber, mit sterblichen Menschen nicht über Djinn-Magie zu sprechen.

Mutter war bereits in meiner Sänfte, als ich hineinkletterte, damit wir unsere Reise fortsetzen konnten. Unser Plan war, die Teleportation vorzunehmen, wenn unsere Karawane für die nachmittägliche Sonnenzeremonie anhalten würde, daher ging ich davon aus, dass Mutter während der nächsten Stunden bei mir sein würde und wir uns entspannt auf das Geschehen vorbereiten konnten. Stattdessen schien sie aber anderes vorzuhaben. Sie kündigte an: »Wir müssen an deinen Rätseln arbeiten, bevor du Jerusalem erreichst.«

»Wie bitte?«, hustete ich. Dann fiel mir die weibliche Stimme wieder ein, die einige Monate vorher unerklärlicherweise das Wort »Rätsel« erwähnt hatte, als ich mich bezüglich eines Gespräches mit König Salomon so unsicher gefühlt hatte. »Mutter, was hast du jetzt vor?«, verlangte ich zu wissen.

Sie erklärte, dass der König ein Liebhaber geistiger Übungen war. Er liebte *koans* (asiatisch inspirierte Geschichten, die intuitives statt rationales Denken erfordern, um sie zu verstehen), Puzzles und vor allem Rätsel. Mutter sagte, dass der König mich als gleichgestellt und intellektuell ebenbürtig betrachten würde, wenn ich Rätsel für ihn bereithalten würde.

»Sie werden ein höher geschätztes Geschenk sein als alles Gold, Edelhölzer, Diamanten und Gewürze, die du für ihn durch die Wüste schleppst«, fügte sie hinzu.

Da das Erfinden von Rätseln nicht unbedingt zu meinen ausgeprägtesten Fähigkeiten gehörte, war ich froh, als Mutter mir anbot, mich zu trainieren. »Ich werde während deines gesamten Aufenthaltes in Jerusalem immer an deiner Seite sein«, versprach sie, »und dir ins Ohr flüstern, wenn du meine Führung brauchst.«

Am Nachmittag stoppte die Karawane, damit wir unsere tägliche Andacht vornehmen konnten. Die Menschen unseres Volkes wurden häufig als »Sonnenanbeter« bezeichnet, doch ist es eine Tatsache, dass Menschen religiöse Praktiken, die sie nicht verstehen, verallgemeinern und simplifizieren. Habe ich mit dieser Behauptung nicht recht?

In Wahrheit setzte sich unsere Verehrung aus Dankesbezeugungen und Lobpreisungen der lebensspendenden Aspekte der Natur zusammen, zu der die Sonne, der Mond, die Sterne, Wasser, Viehbestand, Luft und so weiter gehören. Wenn wir unsere Dankbarkeit für diese Geschenke rituell zum Ausdruck bringen, hat das stets zur Folge, dass uns noch größere Segnungen der Natur zuteil werden. Unsere religiösen Praktiken waren ein Grund, warum Sheba zu den wohlhabendsten und friedlichsten Königreichen in Arabien, Afrika und Asien zählte!

Die Priester rollten unseren tragbaren Tempel aus, der aus einem Stück Stoff bestand, das groß genug war, damit alle Mitglieder unserer Karawane darauf niederknien konnten; sowie Statuen des Pantheons unserer Götter und Gefäße für Räucherwerk, in denen wir den himmlischen Mächten Weihrauch und Myrrhe darbrachten. Die Priester lasen Anrufungen, wir alle sangen nacheinander jeder Gottheit Lob und Preis, und hinterher gab es ein Mahl – ausnahmsweise hielten wir lange genug an, um Mittag zu essen.

Während die anderen ihre Mahlzeit genossen, standen Mutter und ich neben dem mittäglichen Lagerfeuer. Sie bestand darauf, dass ich die Teleportations-Zeremonie ohne ihre Hilfe vornahm, also rief ich zunächst Almaqah an, er möge meine Nerven beruhigen und mir helfen, mich zu konzentrieren.

Dann wandte ich die Methoden an, die meine Mutter mich gelehrt hatte und mit denen ich während meiner Ausbildung erfolgreich Blätter, Steine und sogar ein Kamel transportiert hatte. Ich legte meine Hände zusammen, so dass die Daumen sich berührten, und zog den Rauch des Feuers in sie hinein. Dann rief ich die Strahlen der Sonne an und formulierte meine Aussage der Kraft, dass die ganze Karawane – einschließlich aller Menschen, Tiere und Gegenstände, die wir mit uns führten – auf der Bahn des Rauches zu den Toren des Palastes von König Salomon transportiert werden soll. Ich machte einen tiefen Atemzug und hielt mit geschlossenen Augen an meiner Vision fest, bis Mutter mich sanft aufforderte, meine Augen zu öffnen.

Jeder befand sich in derselben Stellung, in der er vorher war, essend und sich ausruhend … doch die Umgebung hatte sich verändert! Wir befanden uns jetzt außerhalb eines kaskadenartig sich ergießenden Hanges palastartiger Mauern, Tore und Dutzender riesiger Alabastersäulen, jede von einem größeren Umfang als Tamrins Taille!

Eine Parade von Männern auf Kamelen und Eseln ritt auf uns zu, da sie offensichtlich von unserer plötzlichen Gegenwart alarmiert worden war. Tamrin erhob sich, schaute sich mit einem verwirrten Ausdruck um, holte unsere Flagge von Sheba und ging auf die Männer zu, um sich ihnen vorzustellen. Er signalisierte mir, ihm zu folgen, und ich fragte mich, ob einer jener Männer vielleicht König Salomon war. Da ich die hebräische Sprache nicht beherrschte, übersetzte Tamrin für mich.

»Teure Königin von Sheba«, sagte der Anführer mit einer tiefen Verbeugung, »wir haben Eure Ankunft erst in einigen Monaten erwartet! Doch natürlich seid Ihr hier in unserem Königreich sehr willkommen. Unsere Hofdamen werden Euch und Eure Bediensteten zu Euren Gemächern geleiten, damit Ihr Euch ausruhen und erfrischen könnt, bevor Ihr König Salomon gegenübertretet.«

Als Antwort deutete ich einen Knicks an, bevor ich erfreut mit Sarahil die Karawane verließ. Mutter war bei mir, obgleich sie außer mir, den Kamelen und einer handvoll kleiner Kinder niemand sehen konnte. Vier schöne junge Frauen, die in farbenfrohe durchsichtige Gewänder gehüllt waren, geleiteten uns durch ein Tor an der Rückseite des Palastes, damit wir unbemerkt in unseren schmutzigen, von der Reise mitgenommenen Kleidern die Zitadelle betreten konnten. Dies würde Sarahil und mir erlauben, uns auch äußerlich auf unseren öffentlichen Einzug in das Königreich vorzubereiten.

Ich winkte Sarahil zum Abschied zu, als wir in separate Zimmer geführt wurden. Dort wartete eine große Wanne mit herrlich duftendem Wasser auf mich. Die mir zugeteilten Bediensteten, die meiner Sprache nicht mächtig waren (so wenig wie ich der ihrigen), hielten eine Robe für mich bereit und zeigten auf einen Paravent, hinter dem ich meine Kleidung ablegen konnte. Ich bemerkte, wie eine der Frauen meine Füße anstarrte, als ich in den Badebereich zurückkam. Sie lächelte sanft und gab mir zu verstehen, dass sie meine Zehennägel gern feilen würde. Dankbar nickte ich ihr zu.

»Ahh!« Das Wasser in der Wanne hatte genau die richtige Temperatur, und die Düfte von Jasmin, Rosen und Sandelholz halfen mir, mich zu entspannen. Eine zarte junge Frau mit leicht gebräunter Haut begann, meine Haare mit einem nach Zitronen duftenden Mittel zu waschen. Nach der monatelangen Reise durch die Wüste brauchten meine Locken tatsächlich dringend Pflege. Die heiße Luft, Sandstürme, Mangel an richtigen Waschgelegenheiten und Stress hatten meine normalerweise glänzende Haarpracht in eine verfilzte und schmutzige Matte verwandelt.

Während man mir die Kopfhaut massierte, legte die andere Frau meinen linken Fuß auf ihren Schoß. Ich musste mich schnell auf die Seite drehen, um zu verhindern, dass mein Kopf unter Wasser geriet. Beide Frauen kicherten, und ich beobachtete dankbar, wie die zweite Frau meine Zehennägel feilte, meine Füße mit Öl einrieb und das Fell wegrasierte. Es war wirklich notwendig!

Nach dem Bad wurde ich in einen kleinen Raum mit Wänden aus grobem Stein geführt, in dem es zwar warm war, aber nicht so heiß, dass der Schweiß mein Bad und die Kopfwäsche zunichte gemacht hätte. Eine ältere Frau trug einen Eimer voller Flaschen und Gefäße aus Alabaster und Kalzit herein. Sie setzte sich auf einen Stuhl neben mich und gab mir zu verstehen, dass sie mein Gesicht behandeln würde. Ich schloss die Augen und gab mich den sanften Bewegungen ihrer Hände und den köstlichen Düften ihrer Cremes und Öle hin …

Als ich aufwachte, lag ich nicht länger auf dem Tisch der Kosmetikerin, sondern auf einem richtigen Bett mit weichen Polstern – was mir nach den vielen Monaten des Liegens auf einer dünnen Reisematratze sehr willkommen war. Plötzlich vermisste ich meine Katze Abby sehr und hob meinen Kopf, um zu sehen, ob Sarahil in der Nähe war. Sie war es nicht … doch Muter war da. »Hast du gut geschlafen, mein kleines Kätzchen?«, fragte sie, als sie über meine wieder glänzenden, seidenen Haare streichelte.

Ich rieb mir die Augen und blickte mich in dem herrlichen Raum um, in dem ich mich befand. Es war mindestens dreimal so groß wie mein Schlafzimmer zu Hause, und die glänzenden Wände aus Holz waren kunstvoll mit geschnitzten goldenen Blumen verziert. Das Bett, groß genug für fünf Personen, hatte ein seidenes Kopfende aus golden- und aprikosenfarbener Seide und eine dazu passende Decke. Die Farben waren gedeckter als in Sheba, wo es in meinem Zimmer Kissen in allen Farben des Regenbogens gab.

»Wie lange habe ich geschlafen, Mutter?«

»Einen ganzen Tag lang«, antwortete sie.

»Ihr seid wach!« Sarahils fröhliche Stimme grüßte mich, als sie mit einem Tablett voller bunter Früchte und Brot hereinkam. Sie sah ausgeruht aus und roch frisch gebadet. Ich kostete von den Früchten, während Sarahil ihre Schönheitsbehandlung beschrieb, ein Luxus, mit dem sie normalerweise mich verwöhnte, den sie selbst aber selten genoss.

Mutter massierte Sarahils Rücken, die sich dem angenehmen Gefühl hingab. Mutter sagte: »Sie kann mich nicht sehen, aber sie kann meine Energie *fühlen.*« Offensichtlich konnte Sarahil Mutter ebensowenig hören.

Die ältere Frau, die meine Gesichtsbehandlung vorgenommen hatte, öffnete die Tür zu einem anderen Raum und deutete uns an, ihr zu folgen. Der Raum war in Wahrheit eine

Art begehbarer Schrank, angefüllt mit Gewändern, Schals, Stolen und Kopfschmuck in allen erdenklichen Farben. Die Frau hielt mir ein königsblaues Gewand hin, nickte zustimmend und überreichte es ihrer jungen Gehilfin. Für Sarahil wurde ein blaugraues Kleid ausgesucht, das sowohl ihrem Alter und Status entsprach, als auch ihrem Haar und Teint schmeichelte.

Nachdem wir auf das Schönste herausgeputzt waren – geschminkt, frisiert und kostbar gewandet – wurden wir in einen Vorraum geführt, wo Tamrin bereits auf uns wartete. Auch er sah – und roch – wie ein neuer Mann! Wir umarmten einander vorsichtig, um unsere Kleider nicht zu zerknittern. Auch Mutter umarmte Tamrin, der in ihre Richtung schaute aus Gründen, von denen ich sicher bin, dass er sie nicht verstand.

Zwei Wachhabende lächelten uns zweifelnd zu, so als fühlten sie sich in ihren Uniformen nicht wohl. »Sie werden uns zum König führen«, übersetzte Tamrin flüsternd ihre Worte, so als handele es sich dabei um ein Geheimnis. Ein Rauschen erfüllte meine Ohren, und ein leichter Schwindel ergriff mich. Ich war noch nicht bereit, König Salomon zu begegnen. Noch nicht.

Mutter hielt mich fest, damit ich nicht ohnmächtig zu Boden sank. Die zwei uniformierten Männer marschierten weiter, ohne zu bemerken, dass wir unseren Schritt verlangsamt hatten. Bald waren die Männer um die Biegung eines langen Korridors verschwunden, und ich wusste nicht, ob wir unseren Weg durch das Labyrinth von Fluren und Türen des Palastes finden würden. Tamrin entdeckte eine Bank, auf der ich mich niederlassen konnte, und wischte Schweißperlen von meiner Stirn. »Nehmt Euch ruhig Zeit, Königin Balkis. Es besteht kein Grund zur Eile«, beruhigte er mich – und dann verlor ich das Bewusstsein.

Als ich aufwachte, lag ich immer noch auf der Bank, meinen Kopf in Sarahils Schoß gebettet. Die Wächter standen über mir und redeten angstvoll miteinander. Sie deuteten auf eine in der Nähe beschäftigte Dienerin, die fragte (wobei Tamrin übersetzte), ob sie mich zu meiner Kammer zurückbegleiten sollte, damit ich mich dort ausruhen konnte. Kaum war ich aufgestanden, hatte ich erneut das Gefühl, als würde ich gleich in Ohnmacht fallen. Sitzend legte ich meine Hand auf mein Herz und fühlte den Edelstein an der Kette, die mir mein Vater gegeben hatte. Eine Welle neuer Energie durchflutete mich und verhalf mir auf die Beine, wenn mein Kopf auch noch kribbelte, aber jetzt auf eine positive, lebensbejahende Weise.

»Ich bin bereit, dem König zu begegnen«, verkündete ich, wobei ich mich zwang, meine Stimme selbstbewusster klingen zu lassen, als ich mich in Wahrheit fühlte. Tamrin und Sarahil warfen mir fragende Blicke zu, und ich nickte, um ihnen zu versichern, dass ich mich gut fühlte.

Als wir den uniformierten Männern folgten, hielt ich den blutroten Drachenstein fest mit meiner rechten Hand umklammert. Meine Brust hob und senkte sich im Rhythmus meines Atems, und mein Herz schlug zum Bersten schnell. Mir war heiß, und ich schwitzte, was dazu führte, dass mir mein seidenes Gewand an der Haut klebte. Ich hoffte, dass ich König Salomon dennoch einen würdigen Anblick bot.

Als Wachen unsere Ankunft verkündeten, beschleunigten wir unsere Schritte, bevor sie die beiden riesigen geschnitzten Türen öffneten. Vorsichtig folgte ich den anderen durch die Tür, immer noch unsicher, ob ich wirklich dem König begegnen wollte. Doch hatte ich diese weite Reise hierher gemacht und konnte es kaum erwarten, ihn wegen seiner unfreundlichen Einladung zur Rede zu stellen – das heißt, wenn es mir gelingen würde, den erforderlichen Mut aufzubringen.

In einiger Entfernung vor uns bemerkte ich einen goldenen Schimmer, und ich sah, dass der König auf einem vergoldeten Thron saß, der auf einer erhöhten Plattform stand. Vor dem Thron glitzerte ein wunderschöner Teich. Hunderte von orangefarbenen und weißen Koi-Fischen schwammen darin wie ein aufgeregter Schwarm von Verehrern, die gekommen waren, um dem König zu huldigen.

Ich wurde an die Spitze der Gruppe geführt. Tamrin und Sarahil signalisierten, dass mir nichts geschehen und ich ruhig ohne sie nach vorne gehen konnte. Doch wie sollte ich mich dem König nähern, zwischen dessen Thron und mir sich dieser große Teich erstreckte? Das Wasser war zwar offensichtlich flach genug, doch konnte ich nicht einfach um den Teich herumgehen, um ihn zu begrüßen?

Die Wachen reichten mir ihre Hände und deuteten an, dass ich tatsächlich um den Teich herumgehen sollte, um vor den König zu treten. Das gefiel mir ganz und gar nicht!

Nach allem, was ich auf dieser langen Reise durchgemacht hatte, um ihn zu sehen, hätte er sich doch wenigstens von seinem verfluchten Thron erheben und mir entgegen kommen können!

Doch die Wachen bestanden darauf, dass ich um den Teich herumging, während Tamrin und Sarahil mir angespannt zunickten. Ich seufzte und ergab mich in mein Schicksal.

Ich zog meine Schuhe aus und hob den Saum meines Kleides, damit er nicht nass wurde, und dann setzte ich einen Fuß in das Wasser. Doch anstatt Nässe fühlte ich nur eine kühle Härte. Wie erstaunlich, der Teich war von einer riesigen Schicht aus durchsichtigem Kristallglas bedeckt!

Entsetzt merkte ich, dass ich beim Entfernen meiner Schuhe und Anheben meines Kleides meine Djinn-Füße enthüllt hatte. Ich hatte alles andere im Sinn gehabt, als mir vor König Salomon und seinem Hofstaat diese Blöße zu geben. Also legte ich schnell meine geöffneten Hände zusammen und konzentrierte mich darauf, das Licht des Feuers durch sie zu meinen Füßen zu ziehen, bis sie von einem heißen, hellen Lichtball verhüllt waren. Als ich den Rest des Weges zurücklegte, verstärkte der kristallene Boden das Licht und erzeugte so viel Hitze, dass ich auf Zehenspitzen gehen musste, um meine Füße abzukühlen. Das strahlende Licht war so stark, dass es meine Beine von den Knien abwärts bedeckte.

Der König erhob sich und stieg von seinem herrlichen, elfenbein- und goldfarbenen Thron herunter, dessen Rückenlehne in Form eines riesigen Bullen geschnitzt war, bewacht von einer prächtigen, vergoldeten Löwen-Statue. Zusätzliche grimmig aussehende Löwen-Statuen zierten jede Seite der sechs Stufen, die von der Plattform hinunter zum Boden des Palastes führten.

König Salomon war hochgewachsen, vielleicht der größte Mann, den ich je gesehen hatte … oder vielleicht lag es an seinem außergewöhnlichen Charisma, dass er mir so gewaltig erschien. Er war bekleidet mit weißen Seidenhosen und einem Hemd aus lila- und goldfarbenem Brokat, das perfekt auf seine muskulöse Brust und schmale Taille zugeschnitten war. Seine Haut war heller als meine, hatte aber dennoch den angenehmen Farbton gebrannter Bronze. Sein Haar war dunkel, mit einem Hauch von Rot, dicht und glänzend, und es sah sehr gepflegt aus, so als wäre der Mann Zeit seines Lebens umsorgt und verwöhnt worden. Sein Kinn zierte ein perfekt gestutzter Bart.

Als ich auf ihn zuging, trafen sich unsere Blicke. Dunkel, mit einem Hauch von Grün und eingerahmt von überraschend langen Wimpern, sprachen seine Augen von einem Hunger nach … was? Liebe? Wissen? Glück? Offensichtlich fehlte diesem weisen Mann etwas Wichtiges.

Er schaute auf meine Füße hinunter. Röte überflog mein Gesicht, als ich mir der kunstvollen List bewusst wurde, die er eingefädelt hatte, um meine Füße zu studieren! Ich schaute zurück auf den Teich mit seiner kristallenen Abdeckung und sagte: »Ich dachte, Ihr würdet ein persönliches Gespräch vorziehen, wenn Ihr etwas über mich wissen wollt.«

Ich war selbst von meiner Offenheit überrascht, aber Salomon lachte in sich hinein, vielleicht weil er erkannte, dass er in mir einen neuen gleichwertigen Gegner gefunden hatte, jemanden, der seinem Verstand furchtlos gewachsen war.

Ich war nicht bereit, mich vor ihm zu verneigen, obwohl ich wusste, dass er und sein Hof auf diese Formalität warteten. Stattdessen beschloss ich, einen leichten Knicks zu machen. Auf diese Weise konnte ich ihn begrüßen und gleichzeitig meine Würde wahren. Der einzige König, vor dem ich mich verneigen würde, war mein eigener Vater! Ich berührte mit der Hand meine Halskette und machte keine Anstalten, mich zu verneigen.

Salomon bedeutet mir, ich solle mich hinsetzen. Fast fiel ich erneut in Ohnmacht, als ich den prachtvollen Stuhl neben dem seinen sah: Es war mein eigener Thron! Jeglicher Zweifel löste sich in Luft auf, als ich die vertraute Einbuchtung auf seiner rechten Armlehne berührte. Meine Kissen und alles andere waren genauso arrangiert, wie ich sie – fest verschlossen in einem Lagerraum – zurückgelassen hatte, damit mir in meiner Abwesenheit niemand meine Position als Herrscherin streitig machen konnte.

Zum Glück gelang es mir, mich und meine leidenschaftlichen Emotionen zu kontrollieren, bevor man mir anmerkte, wie überrascht ich war, meinen Thron in König Salomons Palast zu sehen. Warum sollte ich ihm die Befriedigung darüber gönnen, dass sein kleiner Streich (wie immer er ihn zustande gebracht hatte) mich völlig verblüffte?

Plötzlich fühlte ich eine Hand auf meiner Schulter. Aus meinem rechten Augenwinkel konnte ich sehen, dass es Mutter war. Ich atmete tief ein, bevor ich schweigend auf meinem Thron Platz nahm.

»Meine liebe Königin Makeda«, begann König Salomon in meiner Muttersprache, die er perfekt beherrschte. »Wir hatten Euch erst in einigen Monaten erwartet. Eure Reise muss ebenso bemerkenswert gewesen sein, wie sie schnell war. Ich bin gespannt, mehr darüber zu hören und Euch und Euer Land in *persönlichen* Gesprächen kennenzulernen.«

»Ja, die Reise war bemerkenswert«, erwiderte ich, ohne auf seine Äußerung einzugehen, die ich als Antwort auf meine Zurechtweisung verstand, dass er seinen Teich benutzt hatte, um meine Füße in Augenschein zu nehmen, anstatt mich *direkt* darüber zu befragen. Diesem Mann entging nichts, und er ließ offensichtlich nichts unkommentiert! Doch mein Instinkt riet mir, ich solle weder etwas über meine Füße sagen noch irgendwelche anderen persönlichen Informationen preisgeben.

»Wir haben ein paar Geschenke für Euch und Euer Königreich«, verkündete ich stattdessen und bedeutete Tamrin, näher zu kommen. Tamrin verbeugte sich achtungsvoll vor dem König und schickte mir einen Blick von der Seite, der sagte: *Wie könnt Ihr Euch dem König gegenüber wie ein verzogenes Gör benehmen?* Ich zuckte gerade genug mit den Schultern, um Tamrin stumm zu antworten: *Ich bin mir nicht sicher.*

Es stimmte. Ich wusste *tatsächlich* nicht, warum ich mich so rebellisch aufführte. Ich fühlte mich weder bedroht von der Arroganz des Königs noch von der Pracht seiner Umgebung eingeschüchtert, da mein eigenes Reich sehr sicher war und zudem weit weg von Jerusalem. Nein, es war etwas Persönlicheres, ein Gefühl, das ich nicht genau verstand, dem ich aber vertraute.

Tamrin hüstelte und las dann von einer Schriftrolle die Liste der Geschenke vor, die wir dem König mitgebracht hatten, einschließlich dem Gold und Silber, das unser Land in solcher Fülle besaß, zudem Gewürze, Edelsteine, Kamele und Holz. Hin und wieder war Tamrins hebräische Aussprache nicht klar, und in diesen Momenten steckte der Rat Salomons die Köpfe zusammen, um flüsternd seine Worte zu interpretieren. Ich fand die ganze Angelegenheit irgendwie komisch, was mir half, mich zu entspannen.

Im Gegenzug hatten Salomon und ein sehr wichtig aussehender älterer Mann, den er als seinen Ratsvorsitzenden vorstellte, eine sehr großzügige Liste von Geschenken zusammengestellt, die man uns überreichte.

Dazu gehörten Gold, Silber und Kamele, was bedeutet, dass unsere jeweiligen Geschenke sich praktisch gegeneinander aufhoben!

Nach den Formalitäten des Geschenkeaustauschens kündigte Salomon feierlich an, dass es jetzt Mittag und damit Zeit zum Essen sei. Er forderte uns auf, ihm zu folgen. Ich schaute Tamrin an und flüsterte deutlich hörbar: »Aber wir müssen doch jetzt unseren Gottesdienst abhalten!«

Tamrin hüstelte und zeigte auf einen von Salomons Beratern. Sie sprachen im Flüsterton miteinander, bis der Ratgeber nickte. Salomon, der das Gespräch der beiden Männer beobachtet hatte, machte dem Ratgeber ein Zeichen, zu ihm zu kommen. Nachdem dieser Salomon von dem Wunsch nach Einhaltung unseres nachmittäglichen Gebetes unterrichtet hatte, nickte der König mir zu.

»Bitte, meine verehrte Königin von Sheba, vergebt mir meine Ignoranz der religiösen Praktiken Eures Reiches«, begann er. Ich wollte ihn beruhigen, doch Salomon sprach weiter: »Meine Helfer werden Euch zu einem wunderschönen Garten geleiten, wo es genug Platz für Eure Zeremonie gibt. Wir werden Euer Mittagsmahl frisch und heiß halten und warten, bis Ihr bereit seid, es zu Euch zu nehmen.« Dann breitete Salomon seine Arme in einer erhabenen Geste aus, die mich beinahe dazu verführte, ihm zu applaudieren.

Unsere Priester bauten im Garten einen Altar für die Zeremonie auf, komplett mit den tragbaren Statuen, den Gefäßen für das Räucherwerk und Obelisken in Form von Sonnenstrahlen, die wir während unserer Reise benutzt hatten. Als wir uns vor jeder Gottheit verneigten und in Antwort auf die Gebete des Priesters sangen, konnte ich Salomons Blick fühlen, der auf mir ruhte … oder bildete ich mir das nur ein? Ich wandte mich um und sah an einem der Fenster des Palastes eine dunkle Gestalt, die sich bewegte. Ein Schauer lief mir über den Rücken, und ich spürte, dass ich rot wurde. Ob er meinen Blick wohl bemerkt hatte?

Nach der Zeremonie wurde mir im großen Speisesaal der Platz neben König Salomon zugewiesen. Sieben Kristalllüster brachten das goldene Seidentuch zum Glänzen, das den langen Tisch bedeckte. Diener sprangen eilig herbei und entfernten sich wieder, um ohne Unterbrechung heiße, köstliche Gemüse- und Fleischgerichte in bemalten Porzellanschüsseln zu servieren.

Während ich aß, fühlte ich mich verlegen, denn ich spürte, dass Salomon mich beobachtete. Warum hatte ich das Gefühl, dass er mein Unbehagen genoss? Ich umfasste die holzgeschnitzte Armlehne meines gepolsterten Stuhls. Plötzlich war aller Hunger verflogen.

»Warum machen wir nicht einen Spaziergang?«, schlug Salomon vor.

Wie konnte ich ihm meine Zustimmung verweigern? Als wir uns erhoben, hörten alle Anwesenden auf zu essen. Der König bedeutete ihnen, mit dem Mahl fortzufahren, und wir gingen durch eine Tür in der Nähe des Gartens, wo wir unsere Nachmittagszeremonie abgehalten hatten. Zwei Männer, von denen ich annahm, dass es Leibwächter waren, folgten uns in gebührendem Abstand, wobei sie uns genug Privatsphäre gaben und uns gleichzeitig im Blick hatten. Der Garten des Palastes war voller bunter, köstlich duftender Blumen. Auf einer Reihe untereinander verbundener Teiche und Wasserfälle tummelten sich Schwäne und Flamingos. Pfauen schritten über den üppig grünen Rasen. Ich suchte nach Worten, um mich mit dem König unterhalten zu können. Schließlich fielen mir Tamrins Erzählungen über König Salomon ein. »Tamrin sagt, dass Ihr es genießt, Puzzles und Rätsel zu lösen«, bemerkte ich, ohne ihn anzusehen. Seine machtvolle Gegenwart und Autorität hatten mich völlig eingeschüchtert.

»Rätsel sind ein gutes Training für die geistigen Muskeln«, erwiderte Salomon und griff überraschend kräftig nach meiner Hand, die sich im Vergleich zu seiner großen maskulinen Hand sehr klein anfühlte. Am rechten Zeigefinger trug er einen großen goldenen Ring, den ich beim Gehen aus dem Augenwinkel betrachtete. Der Ring sah sehr schwer aus; er war rund und hatte in seiner Mitte einen sechszackigen Stern, der von vier verschiedenfarbigen Edelsteinen eingerahmt war, mit vier hebräisch aussehenden Buchstaben darunter.

»Mein guter Freund, der König von Tyrrhenien, und ich lassen einander ständig Rätsel zukommen. Kennt Ihr welche, die Ihr mit mir teilen möchtet?«

Tatsächlich kannte ich keine, doch Mutter hatte versprochen, dass sie mir helfen würde. Suchend blickte ich mich nach ihr um, wobei ich fürchtete, jetzt wie eine Närrin dazustehen, da ich das Thema Rätsel angeschnitten hatte, ohne eines bereitzuhalten.

»Frag ihn: ›Welches Land ist nur einmal in der Geschichte von Sonnenschein bedeckt gewesen?‹«

Gott sei Dank bist du hier!, rügte ich Mutter innerlich, weil sie mir mit ihrer unangebrachten Abwesenheit Angst gemacht hatte. Dann wiederholte ich Salomon laut ihre Worte.

Liebevoll drückte er mir die Hand, und seine Augen funkelten mit größerer Freude als beim Anblick unserer kostbaren Geschenke. Er blieb stehen und schloss die Augen, wobei er eine leise Melodie summte.

»Warte einen Moment!«, schrie Mutter mir regelrecht ins Ohr. »Salomon bekommt Antworten und Informationen von zwei Männern!«

Wie bitte?!, dachte ich. *Welche zwei Männer?*

»Ich prüfe es nach und lass es dich gleich wissen«, versprach sie.

Mutter, warte!, rief ich innerlich aus. Wie sollte ich überhaupt wissen, ob Salomon mir die richtige Antwort gab?

Der König öffnete seine Augen und lächelte mich an. Mein Magen zog sich zusammen, und ich musste schlucken. »Was für ein köstliches Rätsel, meine Liebe!«, sagte er. »Die Antwort lautet: *Das Rote Meer!* Es hat nur an dem einen Tag Sonne gesehen, als es sich für Moses und die Israeliten geteilt hat, damit sie auf ihrem Exodus aus Ägypten sicher hindurchgehen konnten.«

Verzweifelt suchte ich nach einem geistreichen Kommentar, brachte jedoch nur ein schwaches Kopfnicken zustande. Ich erinnerte mich, dass Tamrin erzählt hatte, wie Moses die Zehn Gebote erhalten hatte, doch diese Geschichte vom Roten Meer, das sich teilte, war mir neu. Ich schenkte Salomon ein unverbindliches Lächeln, um Zeit zu gewinnen, während ich darauf wartete, dass Mutter mich rettete.

»Ich bin zurück!«, sagte Mutter atemlos in mein Ohr. »Was ist mir inzwischen entgangen?«

Also bitte, Mutter!, dachte ich, als ich innerlich Salomons Antwort wiederholte.

»Er hat vollkommen recht!« Ich zuckte fast zusammen, als ich Mutters Applaus hörte.

»Ihr habt recht, König Salomon«, murmelte ich schließlich.

Salomons schaute in Mutters Richtung. Konnte er sie sehen? »Nein, er kann mich nicht sehen«, antwortete Mutter prompt, »doch er kann auf sehr hohen Schwingungsebenen hören. Jene beiden Männer, die ich mit Salomon reden sah, sind Erzengel.«

Erz – was?, fragte ich innerlich, während Salomon und ich unseren Spaziergang fortsetzten. Hin und wieder blieb der König stehen, um seine Nase in die Blüte einer Blume zu stecken und ihren Duft einzuatmen, und jedes Mal deutete er mir an, es ihm gleichzutun. Die Blumen in Jerusalem waren besonders wohlriechend.

»Erzengel sind Wesen aus extrem hohen Geistesebenen, die den Menschen reine Weisheit und Liebe bringen«, erklärte Mutter. »Salomon arbeitet eng mir zwei Erzengeln namens Michael und Metatron zusammen. Sie sind die Männer, die ich neben ihm sehe und die ihm die Antwort auf das Rätsel gaben.«

Als ich Mutter fragte, warum ich sie, aber nicht Salomons Erzengel sehen konnte, sagte sie, dass Michaels und Metatrons Energiefrequenz wesentlich höher sei als ihre eigene. »Wir Djinn sind eng mit der wundervollen, dichten Energie der Erde verbunden«, erklärte sie. »Die Erzengel hingegen stärker mit dem nicht-physischen Element des Geistes.«

Das klang sinnvoll, obwohl ich nicht in allen Einzelheiten genau wusste, was sie meinte. Mutter sagte, dass sie die Geschwindigkeit ihrer Energievibrationen erhöhen musste, um den Kontakt mit Salomons Erzengeln aufnehmen zu können. Sie versprach, mir zu helfen, das Gleiche zu tun, wenn die Zeit dafür gekommen war.

»Und kennt Ihr noch weitere Rätsel?« Salomons Frage riss mich aus der geistigen Konversation mit meiner Mutter in die physische Realität zurück.

Mutter sagte: »Frag ihn: ›Welcher Gegenstand hilft Matrosen während eines Sturms auf See, ist der Stolz der Reichen, doch die Schande der Armen; und den Vögeln eine Freude, doch ein Fluch für die Fische?‹«

Wie sollte ich das alles bloß im Gedächtnis behalten, um Salomon die Frage ohne Stottern zu stellen? *Könntest du die Frage bitte noch einmal langsamer wiederholen?*, bat ich sie.

Geduldig wiederholte Mutter das Rätsel, bis ich es auswendig konnte. Der Ausdruck auf Salomons Gesicht spiegelte pures Entzücken wider! Je schwieriger das Rätsel, desto euphorischer seine Stimmung. Doch wusste ich jetzt um seine heimlichen Erzengelgefährten, die ihm beim Lösen dieser Rätsel halfen. Ich fragte mich, ob *dies* das Geheimnis seiner Weisheit war.

Sichtlich genoss Salomon jede Silbe seiner Antwort. Langsam sagte er: »Die Antwort lautet *Flachs*, weil es sowohl in die Segel von Schiffen gewebt wird, mit deren Hilfe sie den Stürmen trotzen, als auch in kostbare Gewänder für die Reichen und rauhen Lumpen für die Armen. Vögel lieben es, den Samen des Flachs zu essen, doch Fische verfangen sich in Netzen, die aus Flachs gewoben werden.«

Salomon antwortete ohne jede Arroganz, mit der entzückten Freude eines Knaben, der sich an einem Spiel erfreut, und ich hatte nicht im Geringsten das Gefühl, als versuche er mich zu beeindrucken. Aufmerksam studierte ich sein Gesicht: Er war jung, höchstens fünf Jahre älter als ich. Er hatte einen jugendlichen, beinahe schelmischen Geist; doch gleichzeitig besaß er eine alte, weise, beinahe magische Ausstrahlung.

Salomon erwiderte meinen Blick. Ich errötete vor Verlegenheit, dass er mich dabei ertappt hatte, wie ich sein Gesicht betrachtete. Ich erkannte, dass er sehr gut aussah – extrem gut sogar. Seine braungoldenen Gesichtszüge waren wie gemeißelt, und er strahlte eine Aura reiner Macht aus.

»Und das nächste Rätsel?« Als Salomon mir in die Augen sah, strömten Wellen starker Energie zwischen uns hin und her. Ich stolperte über einen kleinen Zweig am Boden und fühlte mich noch verlegener und irritierter.

»Heb den Zweig auf«, befahl Mutter.

Warum?, fragte ich sie.

Sie erklärte, dass er ein Teil des nächsten Rätsels war. Wie Mutter mich angewiesen hatte, gab ich Salomon den Zweig und sagte: »Welcher Teil dieses Zweiges befand sich dem Stamm des Baumes am nächsten und welcher am nächsten dem Ende des Astes?«

Salomon summte vor sich hin, während er den Zweig inspizierte, der ganz gleichmäßig gewachsen war und bei dem weder seine Länge noch seine Dicke die Richtung seines Wachstums anzeigten. Dann ging Salomon hinüber zu dem schönen Teich in der Mitte des Gartens. Ich folgte ihm, neugierig, was er als Nächstes tun würde.

Er warf den Zweig in den Teich, und obwohl er an der Oberfläche schwamm, war ein Ende mehr unter Wasser als das andere. Er zeigte auf das Ende, das etwas tiefer im Wasser lag, und sagte: »Der Teil, der unter dem Wasser ist, war dem Stamm des Baumes am nächsten, da er es gewohnt ist, Wasser aufzunehmen und es zum anderen Ende des Astes zu leiten, das sich über dem Wasser befindet.«

Ich schnitt eine Grimasse, als Mutter applaudierte und in mein rechtes Ohr einen Jubelschrei ausstieß. »Mutter!«, entfuhr es mir laut. Als mich Salomon forschend anschaute, versuchte ich meinen Fehler zu vertuschen, indem ich ausrief: »Großartig!«

Salomon schürzte seine Lippen, während er nachdachte, hob seine Augenbrauen und wechselte dann das Thema. Er war nicht nur weise, sondern auch empfindsam für die Gefühle anderer Menschen. Allmählich nahm meine Achtung für ihn zu!

»Seine Erzengel empfahlen ihm, diplomatisch zu sein und keinen Kommentar dazu abzugeben, dass du meinen Namen gerufen hast«, erklärte Mutter. »Er folgt ihrer Führung, ohne sie zu hinterfragen«, setzte sie hinzu und deutete damit an, dass ich das Gleiche mit *ihrem* Rat tun sollte.

Wir näherten uns den Unterkünften für die Gäste, und Salomon begleitete mich bis zur Tür meines Quartiers. Galant küsste er meine Hand, und ich deutete einen Knicks an. »Bis morgen«, versprach er, sobald er dafür gesorgt hatte, dass ich mich in den guten Händen der weiblichen Bediensteten befand.

Während ich genüsslich in einem mit Blumenessenzen angereicherten Bad lag, schaute ich auf meine Füße. Vielleicht waren sie letzten Endes doch nicht so hässlich, wie ich immer geglaubt hatte!

11. Kapitel

Als ich am nächsten Morgen aufwachte, wusste ich, dass ich während der Nacht bei *ihm* gewesen war. Meine Lippen waren aufgerissen, und mein Nachthemd war völlig zerknittert, doch konnte ich mich nicht an irgendwelche Einzelheiten unseres nächtlichen Traum-Rendezvous erinnern.

Mutter stand mit vor der Brust gekreuzten Armen über meinem Bett. An ihren wütenden Blicken merkte ich sofort, dass sie meinen Traum-Geliebten missbilligte, doch warum maß sie ihm eine solche Bedeutung bei, wo es doch nur ein Traum war? Zu müde, um die Angelegenheit mit Mutter zu diskutieren, lächelte ich, bevor ich Sarahil anwies, mit unseren morgendlichen Bade- und Bekleidungsritualen zu beginnen. Ich freute mich, endlich wieder seidene Gewänder tragen zu können anstatt der Reisekleidung, die zwar nützlich, aber wenig schmeichelhaft und unangenehm rau war.

Nach dem Frühstück lud König Salomon mich in seine privaten Gemächer ein. Die Einrichtung war ausgesprochen maskulin, mit dunklen Holzpaneelen an den Wänden, Gemälden von wilden Tieren und dicken Teppichen, während ein angenehm herber Duft den Raum erfüllte. Selbst seine Möbel schienen übergroß und schwer zu sein.

Salomon saß auf einem Stuhl, der mindestens einen halben Meter höher stand als meiner, was bedeutete, dass ich während unseres Gespräches zu ihm hinaufschauen musste. Da mir dieser Umstand wie ein strategischer Schachzug erschien, mit dem er mir seine Macht veranschaulichen wollte, beschloss ich, mich nicht zu setzen, sondern stehen zu bleiben. Und siehe an – jetzt war *ich* die Größere von uns beiden!

Als er zu mir heraufschaute, verwandelte sich sein Gesicht in das eines siebenjährigen Knaben, dessen verschmitzter Blick einen Spielgefährten zu bitten schien, lustige Streiche mit ihm zu spielen. Das war der Moment, wo ich merkte, dass auf dem Schreibtisch des Königs zahllose holzgeschnitzte Gegenstände in unterschiedlichen geometrischen Formen lagen. Einige waren simple Würfel, während andere mehr Seiten hatten, als ich zählen konnte.

»Königin Makeda, ich bin neugierig, Eure religiösen Glaubenssätze und Praktiken kennenzulernen«, sagte Salomon. Dieser Mann hatte offensichtlich keinen Sinn für Feinheiten! Er war direkt und kam sofort auf das zu sprechen, was ihn bewegte.

Ich erklärte, dass die Natur große spirituelle Macht besäße und dass die Sonne und jeder Planet, die Sterne und der Mond in harmonischem Gleichgewicht existierten, um Leben zu spenden und aufrechtzuhalten. Unsere täglichen Zeremonien setzten sich aus Lobpreisungen für diese segensreichen Kräfte zusammen und den Bitten, sie mögen weiterhin Sonnenschein, Regen, Mondlicht, gesunde Ernten und wohlgenährtes Vieh sowie andere Geschenke senden.

»Es steht außer Frage, dass es ohne Sonne, Regen und Mond weder Leben und Nahrung noch sonstige gute Dinge geben würde«, erklärte ich. »Wie könnte irgendjemand anders denken?«

Salomon lächelte, und er begann zu summen, offensichtlich entzückt darüber, eine philosophische Diskussion zu führen.

»Ihr habt recht, dass Sonne, Mond und Regen eine entscheidende Rolle spielen, wenn es um die Erhaltung unserer Existenz geht«, begann er (warum hatte ich sofort das Gefühl, er würde seinem Satz ein »Aber« hinzufügen?). »Aber«, nahm er das Wort wieder auf (aha! – ich wusste es doch!), »wie sind Sonne, Mond und Regenwolken Eurer Meinung nach überhaupt erst erschaffen worden?« Er lehnte sich nach vorne, begierig darauf, meine Antwort zu hören.

Mutter mischte sich ein: »Keine Angst, Makeda, ich bin bei dir.« Erleichtert atmete ich aus, als ich ihre Antwort hörte: »Sag einfach: ›Die Sonne ist die Ur-Energie, der Mond, Sterne und Regen folgten.‹«

Salomon unterdrückte ein Lachen, als ich Mutters Argument wiederholte. Ich war beleidigt! Er entschuldigte sich und fragte mich dann in einem herablassenden Ton, so als würde er das Wort an ein Kind richten: »Demnach ist die Sonne Eurer Meinung nach immer hier gewesen?«

»Aber ja, natürlich«, erwiderte ich, ohne Mutters Hilfe zu benötigen.

»Und was ist mit dem Himmel, der die Sonne umgibt? Ist er auch schon immer da gewesen?«

Mutter flüsterte in meinem Ohr: »Vorsicht, Makeda. Du bist dabei, direkt in die Falle seiner Logik zu tappen.«

Doch ich war in Fahrt gekommen und brauchte ihre Hilfe nicht. »Sonne, Himmel, Wind, Regen und all die anderen heiligen Komponenten sind ewig. Sie sind schon immer da gewesen«, sagte ich bestimmt. Also wirklich! Diese Dinge waren für mich so offensichtlich, dass ich mir überlegte, zu *ihm* wie zu einem Kind zu sprechen!

Salomon nickte, summte und strich sich durch den Bart. Ich fragte mich, ob er auf seine Erzengelfreunde hörte.

»Ja, das tut er«, zischte Mutter, »und ich wünschte, du würdest auf mich hören!« Ich ignorierte sie.

Schließlich sprach er: »Worin ist der Himmel enthalten?«

»Was meint Ihr?« Seine Frage ergab für mich keinen Sinn.

»Nun, was ist der Behälter, in dem der Himmel ruht?« Er hatte die Frage neu formuliert, aber sie ergab noch immer keinen Sinn.

»Um Himmels willen, Makeda!«, rief Mutter aus. Sie sagte etwas über das ewige Universum, doch ich überhörte es. Außerdem wollte ich diesen geistigen Wettstreit ohne fremde Hilfe gewinnen.

»Der Himmel befindet sich nicht in einem Behälter. Der Himmel *ist* der Behälter für alles andere«, behauptete ich unbeirrt.

»Und wo endet der Himmel dann?«, fragte Salomon sofort.

»Er endet nirgends«, erwiderte ich. Großartig, das fühlte sich gut an! Offenbar hatte ich einen Teil dieser Information aus den Lektionen der Priester verinnerlicht.

»Demzufolge dehnt sich der Himmel unendlich aus«, bestätigte Salomon.

»Ja, so ist es.« Sehr schön. Der berühmte weise König lernte jetzt etwas von *mir*!

»Und der Himmel und die Sonne sind immer schon da gewesen?«

»Ja, auch das ist richtig«, bestätigte ich.

»Vorsicht!« Mutter rüttelte mich fest an der Schulter. Ich riss mich aus ihrem Griff los, was dazu führte, dass sie quer durch Salomons Zimmer flog! *O Mutter, es tut mir so leid!*

Sie stand auf und wischte sich den Staub ab. Ich musste mir in Erinnerung rufen, dass Mutter keinen physischen Körper hatte, was bedeutete, dass sie unverletzbar war. Anstatt an meine Seite zurückzukommen, stand sie jetzt zwischen Salomon und mir, mit über der Brust verschränkten Armen.

Sie hatte keine Lust mehr, mir zu helfen, da ich ihre Hilfe weder wollte noch brauchte!

»Und wie lautet der Name des Sonnengottes?«, fragte Salomon.

»Almaqah«, antwortete ich ruhig, während ich meine neue Rolle als Lehrerin genoss.

»Und Almaqah ist ein reales, lebendes Wesen, mit einer Seele und Persönlichkeit versehen?«

»Ja, er ist die größte Macht, die existiert!«

»Und wie heißen Eure Eltern?«

»Der Name meiner Mutter ist Ismenie, und mein Vater ist als Shar Habil bekannt. Warum fragt Ihr?«

»Weil alle Lebewesen – einschließlich Menschen, Tieren und selbst Pflanzen – Eltern haben. Ist es nicht so?«

»Ja, natürlich.«

»Und wie lauten die Namen von Almaqahs Eltern?«

»Was meint Ihr damit?«

»Nun, Ihr habt mir eben gesagt, dass Almaqah ein reales, lebendiges Wesen ist, und habt zugestimmt, dass alle Lebewesen Eltern haben. Wer oder was sind demnach Almaqahs Eltern?«

Ich schaute zu Mutter hinüber, deren Blick mir zu verstehen gab: *Ich habe es dir ja gesagt!* Ich versuchte hinter Salomons Schulter seine Erzengel zu sehen. Vielleicht würden sie ja mir eine Antwort zukommen lassen.

Ich stand da wie angewurzelt. Verflixt, Mutter hatte recht gehabt! Ich war direkt in Salomons Logik-Falle getappt.

Der König erhob sich, kam zu mir herüber und nahm meine Hand in die seine. Er hatte denselben Ausdruck des Entzückens im Gesicht wie Tamrin nach einer geglückten Jagdexpedition. Anscheinend genoss er es zu gewinnen.

»Lasst mich Euch etwas zeigen«, sagte der König geheimnisvoll und führte mich einen dunklen Korridor entlang. Es schien ein Gang zu sein, der absichtlich unbeleuchtet und fensterlos war. Am Ende der Halle bogen wir nach links ab und gingen einen anderen Korridor hinunter. Das Geräusch meiner Schritte hallte von dem Marmorboden und den Wänden wider. Salomons Leibwächter schlurften hinter uns her.

»Wohin gehen wir?«, fragte ich endlich.

»Zu dem Raum, in dem Almaqahs Eltern wohnen!«, lautete seine mysteriöse Antwort.

Als er mir die Tür öffnete, die aus dem Palast hinausführte, zuckte ich zusammen, während meine Augen sich an das helle Sonnenlicht gewöhnten. Er half mir, in einen weißgoldenen Streitwagen zu klettern, der von drei großen weißen Pferden gezogen wurde. Nachdem wir eine Weile gefahren waren, verlangsamten die Pferde ihren Galopp, als wir uns einem hohen Berg näherten. Das Geräusch von Musik und Singen wurde fast vom Wiehern der Pferde übertönt, als sie uns mit aller Kraft eine enge, sich windende Straße hinaufzogen. Zwei Männer in weißen Roben stiegen auf einem separaten Weg den Berg hinauf. Sie gingen langsam, so als wären sie in einem Zustand meditativer Trance.

»Dies ist der Berg Moriah«, sagte Salomon. Seine Stimme erschreckte mich, da wir beide während der Fahrt nicht gesprochen hatten.

»Es ist ein heiliger Ort, an dem Gott intervenierte, als Abraham – der Patriarch unserer Religion – sich anschickte, seinen Sohn Isaak zu opfern. Mein Vater hat hier einen Altar in Form eines Dreschbodens errichtet, der benutzt wurde, um den Weizen von der Spreu zu trennen. Gott trug ihm auf, an dieser Stelle einen Tempel zu errichten, um die Bundeslade darin aufzubewahren.«

Die Mittagssonne wurde von einem hohen Dach reflektiert, das wie eine Anhäufung weißer Dosen aussah, die immer kleiner wurden, je näher sie dem Himmel waren. Mittagszeit!

Entsetzt merkte ich, dass die Stunde unseres Gebetes unmittelbar bevorstand! Ich überlegte, ob ich Salomon bitten sollte, umgehend mit mir zum Palast zurückzufahren, doch dann beschloss ich, eine private Zeremonie auf diesem Berg abzuhalten.

Wir kletterten aus dem Streitwagen und stiegen eine marmorne Treppe hinauf. Das Singen und die Musik waren jetzt lauter. Männer mit weißen Hemden, Hosen und Stoffhüten auf dem Kopf standen auf dem Hof herum, der die Treppe und das Tempelgebäude umgab. Einige der Männer trugen blaue, schürzenähnliche Kleider über ihren weißen Gewändern, was mir den Eindruck vermittelte, es handelte sich bei ihnen um geachtete Geistliche oder Hohepriester. Andere trugen Steine und Holz auf den Schultern. Mehrere Personen hielten Hörner, Trommeln und Streichinstrumente in den Händen.

Links von der Treppe war ein Mann damit beschäftigt, ein riesiges, rundes Bronzebecken zu polieren. Als er in meine Richtung sah, stieg mir die Hitze ins Gesicht. *Warum erschien er mir so vertraut?*

»Wer ist das?«, fragte ich den König. Wir blieben auf der dritten Stufe stehen, um zu dem Mann hinunterzuschauen.

»Oh, das ist Hiram, ein brillanter Architekt aus Thyrrenien. Er überwacht die letzten Schliffe am Tempel, unter anderem diesen Waschbereich für die Hohepriester und Tiere. Ist es nicht spektakulär? Ich nenne es die *Geschmolzene See*, da es an die Wellen des Meeres erinnert, die auf den Rücken von Ochsen getragen werden.«

Doch mich interessierte der Mann, nicht das Becken, das er polierte. Irgendetwas an Hiram berührte eine Saite tief in meinem Inneren, deren Melodie gleichzeitig schmerzte und angenehm war. Als er mich anschaute, fühlte ich, wie ich beinahe schwach wurde.

Schließlich erreichten wir die letzte Stufe der endlos

scheinenden Treppe, ganz außer Atem vom Erklettern der hohen Stufen. Das Chanting und die Musik waren jetzt überwältigend laut. Wir gingen durch einen riesigen, gewölbten Korridor, der von goldenen Säulen eingefasst war, und betraten eine holzgetäfelte Vorhalle. Goldene Kerzenhalter illuminierten die glänzenden, hölzernen Wände, die mit kunstvollen Schnitzereien von geflügelten Wesen, Palmen, Blumen und Früchten verziert waren. Der ganze Raum war erfüllt von einem goldenen Leuchten.

Es bereitete mir Schwierigkeiten, mich auf Salomons Worte zu konzentrieren, als er mir die Bedeutung der beiden riesigen Bronzesäulen erklärte. Meine Gedanken kehrten immer wieder zurück zu dem faszinierenden Mann, der die *Geschmolzene See* poliert hatte. »Dies ist Boaz«, ließ sich der König vernehmen und zeigte auf die Säule an der linken Seite. »Und dies ist Jachin«, sagte er, indem er mit der Hand über die rechte Säule strich. Er zeigte auf Schnitzereien von Hieroglyphen, mit denen die Säulen beschriftet waren, und erklärte, dass sie wertvolle Informationen beinhalteten, die Hiram beim Bau des Tempels benutzte.

Wo hatte ich Hiram schon einmal gesehen? Salomons Stimme verschwand im Hintergrund, als ich an die möglichen Orte dachte, wo ich dem Mann aus Tyrrhenien schon einmal begegnet sein mochte. Wenn ich mich auch nicht genau erinnern konnte, so wusste ich jedoch mit Sicherheit, dass wir uns schon einmal begegnet waren. Ich musste einen Weg finden, um mit ihm zu sprechen!

Wir gingen an einem imposanten Altar mit eingebautem Kamin vorbei. Salomon sagte, dass er für so genannte »brennende Opfergaben« benutzt wurde, von denen ich lieber nichts wissen wollte. Ich schauderte bei dem Gedanken, im Rahmen einer spirituellen Zeremonie irgendetwas anderes als Räucherwerk zu verbrennen.

Wir verlangsamten unseren Schritt, als wir uns einem zweiten Raum näherten, der durch einen kunstvoll bestickten Vorhang aus purpurfarbener, blauer und roter Seide abgetrennt war. »Dies ist das Heiligtum des Allerheiligsten, der Raum, den zu bauen Gott meinen Vater und mich anwies, um darin die heilige Bundeslade aufzubewahren«, erklärte Salomon.

Ich machte einen Schritt nach vorne, um einen Blick hinter den Vorhang zu werfen, doch der König und einer der Priester packten mich am Arm und zogen mich zurück. »Ihr könnt dort nicht hineingehen!«, riefen sie einstimmig. Ihre panische Reaktion überraschte mich.

Salomon holte tief Atem. Offensichtlich musste er eine intensive Emotion unterdrücken. »Nur die reinsten der Hohepriester können diesen Raum betreten«, sagte er schließlich.

»Warum?«, fragte ich.

»Weil die Bundeslade so starke Vibrationen aussendet, dass nur Personen mit der gleichen Frequenz sich ihr nähern können. Wenn sie auch nur einen egobasierten Gedanken haben, geraten die Frequenzen aus dem Gleichgewicht, was unweigerlich zum Tode des Betreffenden führt.«

»Wollt Ihr damit sagen, dass Menschen *sterben*, wenn sie in die Nähe der Lade geraten?«, fragte ich fassungslos. Tamrin hatte mir zwar schon von der tödlichen Macht der Bundeslade erzählt, ich hatte es ihm aber nicht geglaubt.

»Beobachtet diesen Hohepriester, wie er den Raum betritt«, sagte Salomon. »Seht Ihr das weiße, seidene Seil, das um seine Fußknöchel gebunden ist? Der andere Priester wird es festhalten. Falls der erste Priester sterben sollte, während er in dem Raum mit der Bundeslade ist, kann der andere nicht hereingehen und ihn rausholen – täte er es dennoch, würde er mit dem eigenen Leben bezahlen müssen. Stattdessen zieht er die Leiche des getöteten Priesters an dem Seil heraus.«

Als der Hohepriester den Raum betrat, zog er den Vorhang nur gerade so weit zurück, dass ich einen Blick nach innen werfen konnte. Der Raum war klein – nur ein vergoldeter Kasten befand sich darin, auf dem zwei große geschnitzte Figuren mit riesigen Flügeln standen, deren Spitzen jeweils die Wände berührten. Bewegliche Lichter schienen von dem Behälter auszustrahlen. Kein Zweifel – während ich hinsah, schien ein Licht aus dem Inneren des Kastens zu leuchten!

Ich drehte mich zu Salomon um, der mich amüsiert betrachtete. Er grinste und sagte: »Es stimmt. Die Bundeslade leuchtet wirklich.«

»Woher kommt das Licht?«, fragte ich.

»Von Almaqahs Eltern«, erklärte der König. »Dieses Licht kommt von Adonai, dem Einen Wahren Gott der Israeliten, der die Sonne, den Mond, die Sterne und alles andere in der Natur erschaffen hat … einschließlich Euch und mich. Die Bundeslade ist Adonais *mishkam* oder Residenz.«

Meine Augen und mein Kopf fühlten sich seltsam an, als würde ich gleich Kopfschmerzen bekommen. Offensichtlich war ich müde, denn als ich wieder zu Salomon schaute, hatte er drei Köpfe! Die beiden an den Seiten seiner Schultern glühten in der gleichen weißblauen Farbe wie der goldene Kasten in dem geheimen Zimmer. Aber wie ist das möglich – es waren gar nicht *Salomons* Köpfe! Vielmehr waren es zwei deutlich leuchtende Männer rechts und links von ihm.

Handelte es sich etwa um …?

»Ja«, fuhr Mutters vertraute Stimme dazwischen.

Mutter! Wo bist du gewesen?, schrie ich innerlich auf.

»Ich habe dich allein gelassen, damit du die Dinge selbst in die Hand nehmen konntest, so wie du es verlangt hast«, erwiderte sie kurz.

Also sind die beiden Köpfe, die ich neben Salomon sehe …? Die

Vision löste sich auf, aber ich musste unbedingt wissen, was sie bedeutete.

»Das sind Salomons Engel«, antwortete Mutter. »Du siehst die Erzengel Michael und Metatron.«

Die Engel sahen genauso aus wie die geschnitzten Figuren auf der Bundeslade. Ich fragte mich, ob die Erzengel irgendetwas mit der Lade zu tun hatten.

Sehen die Erzengel mich? Ich musste schlucken.

»Michael und Metatron sehen *alles*«, sagte Mutter. »Du kannst sie jetzt sehen, weil die Energie der Bundeslade dein drittes Auge geöffnet hat.«

Mein drittes was?, fragte ich im Stillen.

»Das Energiezentrum zwischen deinen Augenbrauen. Es erlaubt dir, die nicht-physische Welt zu sehen, wie zum Beispiel Energie und Engel.«

Aber ich kann dich sehen, Mutter, und du bist nicht-physisch.

»Das liegt daran, dass unsere Liebe uns für alle Zeiten verbunden hat. Alle Kinder und Eltern können über sämtliche Dimensionen hinweg Kontakt miteinander aufnehmen. Du, Makeda, vertraust einfach deiner Verbindung mit mir mehr als der durchschnittliche Mensch, der denkt, dass sein Gefühl bezüglich der Anwesenheit eines verstorbenen Angehörigen nichts als Einbildung ist. Also ignoriert er die sehr reale Kommunikation, die die nicht-physische Welt ihm sendet.«

Mit besorgter Miene sah Salomon mich an. »Es ist beinahe Zeit für Eure Nachmittagszeremonie«, sagte er. »Wir sollten lieber zurück in den Palastgarten gehen.« Seine Rücksichtnahme überraschte und erfreute mich.

Mein Kopf fühlte sich noch immer unangenehm an. Ich konnte bunte Lichter um die Menschen sehen, die sich in der Vorhalle des Palastes aufhielten. Manche waren von einem wunderschönen blauen, grünen und purpurfarbenen Leuchten umgeben, das mein Herz berührte. Es schien, dass die kühleren Farben beruhigender waren, während die warmen Töne sich eher streng anfühlten. Darüber hinaus sah ich um jeden herum schimmernde Figuren.

Hat jeder Mensch Erzengel an seiner Seite?, fragte ich Mutter.

»Jeder hat Schutzengel«, sagte sie. »Doch die Erzengel sind bereit, mit jedem zu arbeiten, der darum bittet.« Ich musste noch eine Menge lernen.

Das gleißende Sonnenlicht grüßte den König und mich, als wir durch das gewölbte Tor hinaustraten und die Treppe hinunterstiegen, wo der Streitwagen auf uns wartete.

Als ich die letzte Stufe betrat, wandte ich mich um und sah Hiram, der mich anschaute. Er lächelte warm, und mein Herz schmolz dahin. Ich wollte so gerne mit ihm sprechen, doch es war Zeit für unsere nachmittägliche Zeremonie. Ich erwiderte sein Lächeln und nickte in Richtung des Streitwagens. Hiram signalisierte mir, dass er verstanden hatte.

Die Priester waren gerade dabei, mit ihren Gesängen zu beginnen, als ich in den Palast zurückkam. Tamrin und Sarahil schauten mich von der Seite an, und ich lächelte. Offensichtlich verstand ich mich allmählich darauf, ohne Worte zu kommunizieren!

Während der Zeremonie kehrten meine Gedanken immer wieder zu der leuchtenden Bundeslade zurück. Ich bekam unsere Zeremonie kaum mit, wenn ich mich auch an den richtigen Stellen verneigte und mitsang. War es möglich, dass es eine Macht gab, die größer war als Almaqah und unsere anderen Gottheiten?

Nach der Zeremonie gingen Sarahil, Tamrin und ich gemeinsam zum Mittagsmahl, als ich ein grünes Leuchten um Tamrin bemerkte. Sarahil strahlte ein ruhiges, blasses Blau aus, wie die weit entfernten Ränder des Horizontes. Außerdem sah ich schimmernde Figuren um sie herum – es waren Engel!

Das verwirrte mich. *Mutter!*, rief ich im Geiste. *Ich dachte, dass nur die Israeliten Engel haben, weil sie an Adonai glauben, doch ich kann sie auch um Sarahil und Tamrin sehen!*

»Jeder Mensch hat Schutzengel, unabhängig von seinem Glauben und seinem geistigen Weg«, sagte Mutter.

Woher wusste sie das alles? *Habe ich auch Engel?*, wunderte ich mich.

»Natürlich, mein Liebling«, sprach sie mit sanfter Stimme und strich mir dabei zärtlich übers Haar. »Doch weißt du was? Ich fürchte, dich mit zuviel Information auf einmal zu belasten. Wie wäre es mit ein wenig Mittagessen?« Genüsslich fuhr sie sich mit der Hand über den Bauch. Mutter liebte es, durch mich ihren stets gewaltigen Appetit zu stillen.

Als ich lachen musste, bemerkte ich Hiram, der in der Nähe des Palasttores stand und mich anstarrte. »Hiram!«, rief ich aus und gab von meiner Begeisterung mehr preis, als ich geplant hatte, wenn man bedenkt, dass wir uns noch nicht einmal vorgestellt worden waren. Ich machte einen Schritt auf ihn zu, doch Mutter, Sarahil und Tamrin hielten mich zurück.

Ich versuchte mich aus Tamrins festem Griff zu befreien, als er mich wegführte. Ich war wütend darüber, dass er und Mutter mich unter Kontrolle hatten, auch wenn ich wusste, dass sie es nur gut meinten. Hirams Augen zogen sich zusammen. Die starke Anziehungskraft, die ich ihm gegenüber empfunden hatte, verwirrte mich, doch für den Moment gab ich auf und nahm mit Tamrin und Sarahil das Mittagessen ein. Ich war sicher, dass Hiram und ich einen Weg finden würden, uns ungestört zu begegnen.

12. Kapitel

Als ich mich von meinem Nachmittagsschlaf erhob, trat ich nach draußen in den Privatgarten neben meinem Quartier, um mich im Schatten eines großen, lieblichen Baumes zu entspannen. Zweige mit duftenden roten Blüten ergossen sich über den steinigen Wasserfall unter einer hölzernen Brücke.

Eine weibliche Bedienstete verneigte sich vor mir und überreichte mir einen Zettel. Er war von König Salomon in perfektem Sabaisch geschrieben. Er bat mich darum, ihn im Streitwagen auf einer Fahrt zu seinem Lieblingspark zu begleiten. Die Dienerin führte mich zum König, der in seinem herrlichen weißen Wagen wartete. Er trug ein langärmliges weisses Hemd und eine Hose aus Leinen mit einer königsblauen Schärpe, die sich von seiner linken Schulter über seine rechte Hüfte zog. Die Farbe der Schärpe verstärkte das Strahlen der tiefvioletten Juwelen in der goldenen Krone, die er stets trug. Als ich wie im Reflex meinen Scheitel betastete, merkte ich, dass auch ich meine Krone trug.

Salomon lächelte mir freundlich zu, als ich den Wagen bestieg. Als er meine rechte Schulter berührte, bekam ich eine Gänsehaut. Mein Magen zog sich zusammen.

»Alles ist in Ordnung, Liebling«, beruhigte mich Mutter, als wir durch das gewölbte Tor des Parkes fuhren. Die grünen Hügel waren mit einem Meer von Orchideen in allen Farben und Variationen gesprenkelt. Büsche strahlend violetter Iris-Blüten wuchsen vor den mit rosafarbenen Rosensträuchern bedeckten Mauern des Parks.

Salomon führte mich zu einer schönen Wiese, wo er einen dicken gewebten Teppich ausbreitete. Ich begann, mich zu entspannen, und wir stützten uns beide auf unsere Ellbogen, um die vorbeiziehenden pudrigen Wolken am Himmel zu betrachten. Eine raschelnde Bewegung im Baum über uns erregte meine Aufmerksamkeit, und im nächsten Moment flog ein Vogel aus dem dichten Blätterwerk. »Ooop! Ooop! Ooop!«, kreischte er.

»Hoopoe!«, rief Salomon in einer Art Singsang zurück. Der König streckte seinen rechten Zeigefinger aus, und der Vogel landete genau auf seinem Ring. Salomon hielt seinen Kopf schräg und schien auf den Vogel zu lauschen, wobei ich nur kehlige Zwitscherlaute hören konnte. Salomon nickte und sagte schließlich: »Hmm.« Konnte er tatsächlich mit dem Vogel kommunizieren?

»Hoopoe sagt, dass es gut ist, Euch wiederzusehen«, informierte mich der König. Als er mein verständnisloses Gesicht sah, erklärte er: »Er war derjenige, der mir zuerst von Euch erzählt hat.«

Wenn ich mit meiner unsichtbaren Mutter reden konnte, dann war es vermutlich ebenso gut möglich, mit Vögeln zu reden. Ich bat Salomon fortzufahren.

»Hoopoe ist bei Tamrin und Euch in Eurem Palastgarten gewesen«, meinte er.

Das stimmte! Ein paar Tage lang war *tatsächlich* ein Vogel im Garten unseres Palastes gewesen. Konnte dies womöglich derselbe Vogel sein?

Salomon erhob seine Hand, und der Vogel kehrte in die Zweige des Baumes über uns zurück. Mit einem ernsten Ausdruck in den Augen sah mich der König an.

»Hoopoe hatte eine wichtige Aufgabe«, fuhr der König fort. »Seht Ihr, ich hatte ihn gebeten, einen wahrhaft ehrlichen Menschen für mich zu finden. Ich weiß nicht, wie Eure Erfahrungen als Königin waren, doch ich habe zu oft Schwierigkeiten mit Menschen gehabt, die immer irgendetwas von mir wollten. In meinem ganzen Leben hatte ich nur ein oder zwei echte Freundschaften mit Personen, die mich für das lieben, was ich bin, und nicht für das, was ich für sie tun kann. Selbst mein eigener Bruder versuchte mich zu töten, um meine Krone an sich zu reißen.«

Ich nickte verständnisvoll. Die einzigen Gefährten, denen ich wirklich vertrauen konnte, waren Tamrin und Sarahil. Nun, Mutter war meine Freundin, doch sie gehörte in eine völlig andere Kategorie! Wie König Salomon hatte auch ich schlechte Erfahrungen mit Menschen gemacht, die vorgaben, Freunde zu sein, und mich dann für ihre eigenen persönlichen Zwecke benutzten.

Salomon hielt meine Hände an seine Brust und sah mir in die Augen. »Königin Makeda, Ihr seid die Person, nach der ich gesucht habe. Ihr seid ehrlich und ganz Ihr selbst. Ihr wollt nichts von mir, sondern seid stattdessen erfrischend großzügig mit Euren Gaben und der Zeit, die Ihr mir schenkt – also habe ich dem Hoopoe gedankt, dass er Euch gefunden und meine Einladung überbracht hat.«

Die Einladung! Ich riss meine Hand los und stellte mich kerzengerade vor ihm auf. Meine Stimme zitterte, als ich Salomon fragte, wie er mir eine derart drohende Botschaft hatte schicken können.

»Meine Liebe, ich weiß nicht, auf welche Drohungen Ihr Euch bezieht«, sagte der König verwirrt.

»Sowohl Tamrin als auch mein Hoher Rat haben Eure Einladung gelesen. Ihr habt gedroht, mir und meinem Reich Schaden zuzufügen, falls ich nicht nach Israel komme, um

Euch zu huldigen!« Der alte Zorn war neu erwacht, als ich mich an den sehr rüden Ton der Schriftrolle erinnerte.

»Oh, meine hinreißende Makeda!« Salomon war so nahe, dass ich seinen warmen Atem auf meinem Gesicht fühlen konnte. »Ich würde nie jemandem drohen, vor allen Dingen nicht meiner höchst geschätzten Königin von Sheba. Es hat offensichtlich einen Irrtum in der Übersetzung aus dem Hebräischen in Eure Sprache gegeben! Ich habe eine Abschrift der Einladung in meinem Palast, und ich werde sie Euch persönlich zeigen.«

»Ich kann kein Hebräisch lesen«, sagte ich. Irgendetwas veranlasste mich, seinen Worten zu vertrauen, und ich entspannte mich wieder. Jedoch fragte ich mich, wie meine vertrautesten Ratgeber Salomons Einladung so missverstanden haben konnten.

»Das passiert ständig«, hörte ich plötzlich Mutters Stimme. »Hebräische Worte werden leicht falsch gelesen und missverstanden.«

Was tust du hier, Mutter?, schimpfte ich. Es störte mich, dass sie in meine Privatsphäre eindrang.

»Ich bin nur schnell vorbeigekommen, und jetzt verschwinde ich!«, beruhigte sie mich, und im Bruchteil einer Sekunde war sie weg.

Als ich zusah, wie Mutter aus meinem Blickfeld verschwand, wurde ich mir bewust, dass Salomon zu mir sprach: »… und dann zu entdecken, dass Ihr nicht nur der reine und ehrliche Mensch seid, den ich gesucht habe, sondern auch äußerlich genau so schön seid wie in Eurem Inneren. Euer Herz ist unverdorben, Euer Geist ist wach, und Euer Verstand ist so lebendig und bunt wie die Blumen in diesem Garten. Gesegnet ist der Mann, der eine tugendhafte Frau findet. Denn sie ist mehr wert als der kostbarste Edelstein. Ihr Ehemann kann ihr vertrauen, und sie wird sein Leben über alle Maßen bereichern.« Salomon kniete vor mir nieder und sagte mit weicher Stimme: »Makeda, würdet Ihr mir die Ehre erweisen, meine Gemahlin zu werden, um als Königin von Israel den Thron mit mir zu teilen?«

Ich schaute in sein schönes männliches Gesicht. Seine Augen schienen jenseits seiner Jahre müde zu sein, doch hinter seiner beeindruckenden Weisheit verbarg sich ein unsicherer kleiner Junge, der einfach nur geliebt werden wollte. Ich konnte Salomons Einsamkeit nur zu gut nachvollziehen. Vielleicht würde eine Ehe mit ihm eine Lösung für uns beide sein.

Doch warte! Was war mit den Gelöbnissen, die ich am Tag meiner Krönung gemacht hatte? Wie konnte ich Salomon erklären, dass ich Almaqah meine Keuschheit vermacht hatte und dass es mir – wenn mich sein Antrag auch zutiefst ehrte – nicht erlaubt war, irgendeinen anderen Mann als den Sonnengott zu ehelichen und ihm beizuwohnen?

»Denkt darüber nach, Makeda«, empfahl Salomon mir und nahm meine Hand zärtlich in die seine. »Ich weiß, wie es sich anfühlt, zu einer Entscheidung gedrängt zu werden, und ich möchte Euch das nicht antun. Außerdem ist es schon spät, und wir müssen zum Palast zurückkehren.«

Die Sonne ging in flammendem Orange und leuchtendem Rosa am Himmel unter, als wir zurückfuhren. Salomon schaute mir tief in die Augen, als wir vor meinen Quartieren ankamen. »Bis morgen, werte Königin.« Er verneigte sich, als er sanft meine rechte Hand küsste. Ich konnte Salomons Sehnsucht nach Liebe und Freundschaft fühlen, als er alleine in seinem Streitwagen davonfuhr, gefolgt von seinen Leibwächtern in einem zweiten Wagen.

Als ich den Garten durchquerte, sah ich eine Gestalt, die sich mir näherte. Ich nahm an, dass es sich um eine Dienerin handelte, die gekommen war, um mich zu begrüßen und zu meinem Zimmer zu geleiten. Ich hatte vor, nach diesem langen Nachmittag im Park ein Bad zu nehmen.

»*Ahalan*«, sagte eine leise männliche Stimme. Ich blieb stehen und hielt meinen Atem an. Das war keine Dienerin, sondern ein Mann, und Männer waren nach Sonnenuntergang in den Gastquartieren nicht erlaubt. Ich wollte gerade protestieren, als ich merkte, dass es Hiram war! (Später würde ich erfahren, dass *Ahalan* in der phönizischen Sprache »Hallo« bedeutete, der Muttersprache des Architekten.)

Hiram legte seine Hand auf meine Schulter und ging mit mir zur Pforte des Gartens. Der Duft von Sandelholz und Schweiß zog von seinem Hemd in meine Nase, als er mich zu einem kleinen einspännigen Streitwagen führte. Ich hatte Angst, dass jemand sehen würde, wie wir den Wagen bestiegen.

Ich beobachtete Hirams Gesicht im Mondlicht, als wir schweigend davonfuhren. Seine Haut sah von der harten Arbeit im Freien ein wenig rau aus, und sein Mund bewegte sich leicht, so als würde er ein Selbstgespräch führen. Seine Augen und Stirn zeigten tiefe Falten, wahrscheinlich vom Blinzeln, wenn er im hellen Sonnenlicht draußen seine Skulpturen meißelte.

Er sah mich an, fing meinen Blick auf und lächelte über das ganze Gesicht, was seine Stirn glättete und seine Augen jugendlich erscheinen ließ. Mein Herz erzitterte vor angenehmen und unbekannten Gefühlen.

Vor uns auf dem Weg tanzte das Mondlicht auf einer Erhebung, die ich im Näherkommen als das stufenförmige hohe Dach des Tempels erkannte. *Hiram fährt mit mir zu dem Tempel!*, stellte ich aufgeregt fest.

Wir fuhren am Vordereingang vorbei, zu dem Salomon mich gebracht hatte, und zu einem Bereich an der Seite, der sich noch im Bau befand. In einem Halbkreis standen vor einem Haufen riesiger Steine einige Stühle. Wir gingen einen Weg entlang in die makellose Vorhalle, wo Kerzen in goldenen Haltern sanftes Licht verbreiteten. Als sich Schritte näherten, zog Hiram mich in einen Korridor und signalisierte mir, ich solle mich ruhig verhalten, bis der Mann vorbeigegangen war. Offensichtlich war es uns nicht erlaubt, hier zu sein!

Nachdem er sich vergewissert hatte, dass wir allein waren, schlichen wir auf leisen Sohlen durch die Halle auf den bunten Vorhang zu, hinter dem sich das Allerheiligste verbarg. Hiram öffnete den Vorhang ein wenig und bedeutete mir, den Raum zu betreten. Mir stockte fast der Atem, als ich die von innen leuchtende Lade sah, die mich zu rufen schien. Oh, wie sehr wollte ich einmal neben ihr stehen! Doch welche Strafe würde mich erwarten, sollte ich in dem verbotenen Raum ertappt werden? Und hatte Salomon mir nicht gesagt, dass jemand, dessen Geist nicht rein genug war, um neben der Lade zu stehen, sofort tot umfallen würde?

Mein Herz schlug mir bis zum Hals, und dann beendete Hiram mein Zögern, indem er mich sanft durch den Vorhang schob. Ich vertraute darauf, dass er, einer der Architekten des Tempels, wusste, was er tat.

Der Raum war überraschend klein. Die Flügel der zwei geschnitzten Engel auf der Bundeslade und die Stangen an jeder Seite des Kastens berührten die Wände. Da es keinen Platz zum Sitzen gab, kniete ich mich davor. Ein hoher, summender Ton, wie Tausende von Stimmen, die in der Ferne sangen, erklang aus seinem Inneren. Mein Kopf begann zu schmerzen, und ich sah schimmernde grüne Lichter durch den Raum schweben.

Als etwas meine Stirn berührte, sprang ich erschrocken auf. »Hiram?«, rief ich leise. Ich öffnete meine Augen und sah einen Mann in Weiß, der vor mir stand. Aus Angst, bestraft zu werden, trat ich einen Schritt zurück, weil ich mich verbotenerweise an diesem heiligen Ort befand.

Doch der Mann lächelte und sagte: »Hab keine Angst, Makeda.« Er schien zu wissen, wer ich war! Und auch er kam mir vertraut vor. Obwohl der Mann dreidimensional war, merkte ich, dass er durchsichtig war. Ich konnte den Kasten der Bundeslade durch seinen Körper hindurch sehen. Panik beschlich mich – vielleicht war auch ich nicht rein genug, um hier zu sein, und damit auf dem besten Wege, den Tod zu finden.

Ich begann rückwärts aus dem Raum zu gehen und betete darum, Hiram zu finden, bevor es zu spät war. Der Mann kam auf mich zu und streckte mir seine Hand entgegen. Ein wirbelndes geometrisches Muster, das rot, purpurfarben und grün leuchtete, tanzte über seiner ausgestreckten Handfläche. Ich erkannte einen Teil der sich überschneidenden Dreiecke aus Salomons Ring. Das Muster pulsierte und produzierte hohe, klingende Töne, die ich gleichzeitig als beruhigend und unangenehm empfand. Ich entspannte mich und ließ mich auf dem Boden nieder.

»Makeda, dies ist dein Schicksal«, sagte der Mann. »Du bist genau da, wo du sein musst, und du bist vollkommen in Sicherheit und beschützt.«

»W-wer seid Ihr?«, stotterte ich.

»Sie nennen mich Metatron«, antwortete er mit einer leichten Verbeugung.

»Der Erzengel?«, fragte ich. »Der eine, der König Salomon hilft?«

»Ja, ich helfe vielen Menschen. Das ist Teil meiner weltumspannenden Mission«, erwiderte er. Metatron stand nicht vor mir, aber er schwebte auch nicht. Er schien in Übereinstimmung mit dem sich verändernden schimmernden Licht der Bundeslade mal heller, mal schwächer zu leuchten und dann wieder undurchsichtig oder transparent zu sein. *Wurde er von der Lade mit Energie versorgt?*, fragte ich mich.

»Alles wird von Adonai mit Energie versorgt«, antwortete er auf meine unausgesprochene Frage. Oh, ich würde in Metatrons Nähe meine Gedanken kontrollieren müssen – genau wie bei Mutter!

»Aber ich glaube nicht an Adonai, oder wie immer Ihr diese Energie nennt«, protestierte ich. »Ich glaube an Almaqah, den Sonnengott und Spender allen Lebens.«

»Es spielt keine Rolle, ob du an Adonai glaubst, denn Adonai existiert mit oder ohne unseren Glauben.«

Ein Lächeln breitete sich auf dem Gesicht Metatrons aus. Von ihm hatte Salomon also seinen trockenen Humor! »Adonai ist die geistige Lebenskraft, die dich, mich und jedes Lebewesen beseelt, einschließlich der Sonne.«

»Nun, ich verstehe dieses ganze Konzept von Adonai nicht«, entgegnete ich unwillig und rieb meine Schläfen, um die summenden, unangenehm prickelnden Empfindungen zu stoppen. »Wo ist Adonai?«

»Überall«, antwortete Metatron. »Jeder Teil unseres physischen und nicht-physischen Lebens wird von Adonai mit Energie versorgt.«

»Und wer oder was bitte *ist* Adonai?« Ich verstand wirklich nicht, wovon der Erzengel sprach.

»Adonai ist die Mutter und der Vater von allem, was du siehst, berührst, fühlst und erlebst. Adonai ist sowohl der Bringer des Lebens als auch das Leben selbst.«

»Einschließlich der schlechten und schmerzhaften Aspekte des Lebens?«, fragte ich ungläubig.

»Es gibt innerhalb von Adonai keine schlechten oder schmerzhaften Aspekte des Lebens, sie existieren nur in dem Traum, den die Menschen geschaffen haben.«

Jetzt war ich endgültig verwirrt. »Welcher Traum?«

»Eure Legenden über den Fall der Menschheit weisen auf diesen Traum hin. Er ereignete sich, als der menschliche Geist völlige Autonomie ersehnte, getrennt vom Willen Adonais. Er wollte selbst erfahren, was es heißt, Schöpfer zu sein, und dieser Wunsch, sich von Adonai zu lösen, schuf den Traum, in dem jetzt alle Menschen leben. Ihr glaubt, dass ihr voneinander und von Adonai getrennt seid, während dies in Wahrheit völlig unmöglich ist. Die einzige Möglichkeit, von Adonais Willen getrennt zu sein, besteht darin, sich diesen Zustand vorzustellen, was wiederum dieser sehr realistische Traum ist, in dem sich alle Menschen verfangen haben.«

»Es ist also ein Traum, dass wir von Adonai getrennt sind«, wiederholte ich.

»Ja,« bestätigte Metatron. »Und weil Adonai das Licht und die Liebe ist, die eure Seele und euren Geist beflügelt, seid ihr auf ewig untrennbar mit der Quelle eurer Kraft verbunden.«

»Und wir träumen nur, dass wir Probleme und Schmerzen haben?«, forschte ich beklommen, nicht ganz sicher, ob ich das Konzept verstand.

»Ja, genauso ist es!«, versicherte Metatron. »Jeder Mensch ist mit großer, göttlicher Weisheit gesegnet, da der Geist jedes Menschen für alle Zeiten mit Adonais unendlicher Weisheit verbunden ist. Wie jeder andere Mensch auch hast du Zugang zu jeder Information und Antwort.«

»Ich, wirklich?«

»Ja, natürlich«, antwortete Metatron.

»Wie kann ich diese Weisheit anzapfen?«

»Indem du Adonai Fragen stellst.«

»Wie?«

»Das kannst du mit lauter Stimme tun, innerlich, durch Singen oder auf jede Weise, die dir gefällt.«

»Und Adonai wird meine Fragen beantworten?«

»Ja«, erwiderte Metatron. »Adonai ist eine Energie, die auf andere Energien reagiert. Deine Fragen rufen passende Antworten hervor, vergleichbar mit einem Schloss und dem dazugehörigen Schlüssel. Alles ist mathematisch genau.«

Er streckte seine rechte Hand aus. Aus seiner nach oben gerichteten Handfläche wirbelten in einer schnellen, sich drehenden Bewegung bunte Lichter. Die Lichter begannen sich in Partikel zu verfestigen, die schließlich eine Form annahmen, die sich überschneidende Dreiecke zeigte:

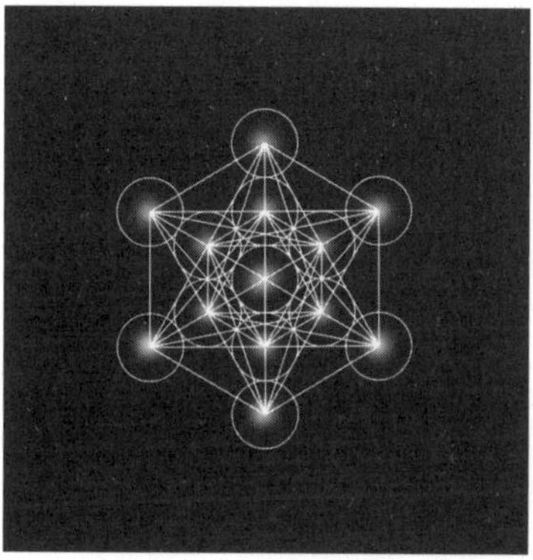

»Hörst du das Geräusch?«, fragte der Engel. Die drehende Bewegung der geometrischen Form hörte sich wie das Singen hundertfacher Stimmen an: »*Ahhhhh.*«

»Das ist wunderschön und sehr beruhigend«, erwiderte ich. »Was ist es?«

»Der Ton der Schöpfung«, sagte Metatron. »Wenn du Antworten und Führung von Adonai empfängst, erlebst du einen ›Aha!‹-Moment. Es handelt sich um eine echte Verbindung mit der universalen Weisheit, wenn Momente des Verstehens ihr Licht durch dein ganzes Wesen blitzen lassen.«

»Der Ton, den ich höre, ist Adonai?« Obwohl ich Metatrons Worte intuitiv begriff, wollte ich sicher sein, dass ich ihn richtig verstand.

»Du hast recht, Makeda. Es ist ein intuitives Verstehen, das Logik und Verstand umgeht«, sagte Metatron. »Jede Kultur benutzt intuitiv den Ton ›Ah!‹ im Namen dessen, den sie als ihren Schöpfungsgott erkoren haben. Hier in Israel wird der Begriff *Adonai* benutzt. Andere Kulturen nennen ihren Schöpfer Yahweh, Brahma, Ra, Baal, Astarah und so weiter. Doch allen gemeinsam sind die Laute *A-h.*«

»Warum erzeugt diese geometrische Form den Ton der Schöpfung?«, fragte ich. Ich hatte es immer noch nicht vollständig begriffen.

»Weil jede Schöpfung auf geometrischen Formen und Figuren basiert. Jede physische Materie ist eine Kombination von fünf grundlegenden Formen.« Erneut begannen Metatrons geometrische Lichter sich zu drehen und verlangsamten sich dann zu fünf deutlich verschiedenen Formen, die vor mir schwebten.

Er zeigte auf die erste Form und sagte: »Dies ist ein Dreieck oder Tetrahedron. Diese zweite Form ist ein Würfel, gefolgt von einem Octahedron (Achtflächner), dann einem Dodecahedron (Zwölfflächner) und schließlich einem Icosahedron (Zwanzigflächner).

»Dies«, fügte er hinzu und fuhr mit seiner Hand über die fünf sich drehenden Formen, »ist das, worauf die Schöpfung basiert. Wenn du sie alle wie folgt addierst« – alle Formen flossen ineinander, um den wirbelnden Vortex zu bilden, den Metatron mir am Anfang gezeigt hatte – »dann erzeugen sie damit ›*Ahhhhh*‹, den Ton der Schöpfung. Manche Menschen bezeichnen diese zusammengesetzte Form als meinen – also Metatrons – Würfel.«

Es fiel mir schwer, mich auf die Worte des Erzengels zu konzentrieren, weil ständig etwas gegen mein Kinn schlug.

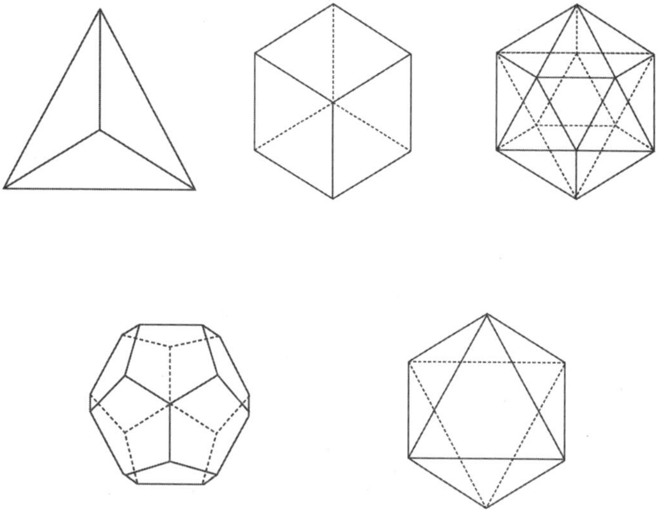

Ich schaute hinab und sah, dass mein Drachenblutstein vor mir schwebte! Ich drückte den Stein in meinen Ausschnitt, doch er schwebte erneut nach oben. »Was um alles in der Welt …?!«, rief ich aus, als die Kette einfach nicht liegen bleiben wollte.

Metatron deutete auf einen Anhänger, der um seinen eigenen Hals hing und ebenfalls schwebte, und sagte: »Die Musik der Sphären.«

Als ich mit einem verständnislosen Blick auf diese Äußerung reagierte, fuhr Metatron mit lieblicher Stimme fort: »Die Musik der Sphären ist die Energie, die jeden Stern und jeden Planeten im Himmel am Leben hält. Wenn du in den nächtlichen Himmel hinaufschaust, kannst du sehen, wie jeder Planet Adonais Signatur aufweist, gleichbedeutend mit dem mathematischen Wert 1618034. Manche nennen dies die ›goldene‹ Zahl, weil sie der kostbarste Schlüssel zum Universum ist. Die Ratio der Planetenumlaufbahnen um die

Sonne und ihre Entfernung voneinander in Beziehung zu allem anderen beträgt durchschnittlich 1 618 034. Muscheln, Tannenzapfen und sogar Gemüse, alles wächst in der gleichen kreisenden Ratio wie die Umlaufbahnen der Planeten, die magnetisch von der Musik der Sphären beeinflusst werden.

Die Quarz-Basis aller Planeten setzt sich aus einer binären – oder doppelten – mathematischen Formel zusammen, die mit dem Ton der Schöpfung übereinstimmt. Genauso verhält es sich mit deiner Halskette und meinem Anhänger, da ihre Steine eine Quarz-Basis haben. Der Quarz verstärkt alle Energien, mit denen er in Kontakt kommt, in einem Prozess, der *Piezoelektrizität* genannt wird.«

Plötzlich war der Raum mit Tausenden von winzigen Flecken erfüllt, die in der Luft schwebten. Ich dachte, eine Windbö hätte Sandpartikel hereingeblasen, doch als ich näher hinschaute, erkannte ich, dass die Flecken bunte Formen waren, viel kleiner als jedes Sandkorn, das ich je zuvor gesehen hatte. Die Pünktchen bewegten sich in einer kreisrunden Umlaufbahn, eines neben dem anderen und dennoch völlig getrennt voneinander. Ich streckte meine Hand aus, um eines von ihnen zu berühren, doch meine Finger fuhren durch sie hindurch, ohne ihre makellosen Kreise zu unterbrechen.

Sanft lachte Metatron in sich hinein. Ich liebte seinen Sinn für Humor und hatte nie das Gefühl, er lache mich aus. Stattdessen bereitete es ihm ein kindliches Entzücken, mich etwas Neues zu lehren.

»Dieser Tempel wurde zum Klang der Musik der Sphären gebaut!«, rief Metatron begeistert aus. Es hörte sich fast wie eine Verkündigung an.

»Was meinst du damit?« Ich konnte nicht verstehen, wie Musik ein physisches Gebäude erschaffen konnte.

»Du wirst es sehr bald herausfinden …«, antwortete Me-

tatron und geleitete mich aus dem Allerheiligsten hinaus. Hiram, der offensichtlich den Erzengel nicht sah, griff nach meinem Arm und zog mich fort, damit wir nicht von den Wächtern und Priestern gesehen wurden.

13. Kapitel

Der Streitwagen wurde langsamer und hielt schließlich am Straßenrand. Hiram nahm meine Hand, um mir beim Aussteigen zu helfen. Das Licht des Mondes brachte seine schönen Augen zum Strahlen, die mich eindringlich anschauten, was mir rätselhaft vorkam. Mein Herz schlug schneller, als Hiram mit der Hand meinen Kopf sanft umfasste und mich näher zu sich heranzog. Ich atmete seinen Duft ein, der nach Sandelholz roch.

Sandelholz! Mir stockte der Atem, als mir klar wurde, woher ich Hiram kannte. *»Du bist es!«*, sagte ich und trat einen Schritt zurück, um ihm ins Gesicht zu schauen. Hiram verstand den Sinn meiner Worte nicht, da wir keine gemeinsame Sprache hatten, doch unsere Körper verstanden sich dafür umso besser.

Hiram lächelte und zog erneut sanft meinen Kopf zu sich heran. Der Mann aus meinen Träumen war aus Fleisch und Blut und dreidimensional, und jeglicher Widerstand, den ich noch spürte, löse sich auf, als ich mich dem Moment hingab. Endlich war ich in der Lage, im Wachzustand seine Lippen zu küssen und in seinen Sandelholzduft und seine starken, muskulösen Arme zu sinken. Hiram war ein romantischer und rücksichtsvoller Mann, der seine Zuneigung aufs Küssen beschränkte und nie mehr forderte. Stundenlang umarmten wir uns beim Schein des Mondes, schweigend und einander hingegeben, bis die ersten Sonnenstrahlen über die Gipfel krochen.

Schließlich löste ich mich von Hiram und bedeutete ihm, mit mir zum Palast zurückzukehren, bevor jemand meine Abwesenheit bemerkte (sofern man es nicht bereits bemerkt hatte!). Vor dem Tor des privaten Gartens, der zu meinen Gastquartieren gehörte, stieg ich aus seiner Kutsche aus. Die Palastwache saß vornüber gesunken auf der Mauer. Offensichtlich waren sie vor Müdigkeit eingeschlafen, denn es war schon sehr spät. Als ich auf das Tor zueilte, hörte ich ein raschelndes Geräusch im Garten und sah eine dunkel vermummte Gestalt, die von rechts schnell auf mich zukam. Als ich mich ihr zuwandte, war die Gestalt verschwunden.

* * *

Am nächsten Morgen ließ Salomon mich zu sich bitten. Nach dem Frühstück spazierte ich durch die Palastkorridore, um die kunstvolle architektonische Struktur zu bewundern. Metatrons Lehren hatten mich inspiriert, Gebäude mit einem völlig neuen Blick zu betrachten! Mir fielen besonders die feinen Schnitzereien auf den Säulen, Spiralen und Vorsprüngen auf.

Ich war so damit beschäftigt, zur Decke hinaufzuschauen, dass ich mit Salomon zusammenstieß, als er um die Ecke seines Quartiers bog. »Oh, einen schönen guten Morgen!«, grüßte er, und seine Augen strahlten mich an.

Ich schluckte und verspürte ein Schuldgefühl, so als hätte ich ihn letzte Nacht mit Hiram betrogen. Doch ich kontrollierte dieses Gefühl sofort und rief mir in Erinnerung, dass ich dem König weder ein Versprechen gegeben hatte noch ihm in irgendeiner Weise verpflichtet war.

»Guten Morgen.« Ich lächelte zurück und folgte Salomon

in seine Gemächer. Ich sah mir ein paar Zeichnungen an, die auf dem niedrigen Tisch vor seinem Sofa lagen, während ich mich fragte, was ich jetzt wohl sagen sollte. So viel hatte sich seit der Begegnung am Abend vorher mit Metatron und Hiram verändert!

Metatron! Mein Blick fiel auf Salomons linke Schulter, und ich konnte eine zarte, neblige Präsenz sehen, von der ich wusste, dass es der Erzengel war – wenn er auch nicht so deutlich sichtbar erschien wie in der vergangenen Nacht, als ich von der Energie der Bundeslade durchdrungen war. Ich fragte mich bange, ob der Erzengel dem König meine Geheimnisse verraten würde.

»Wie war Euer Abend, Königin Makeda?« Salomon erhob sich und schaute aus dem Fenster. Mein Herz setzte aus. Wusste er über letzte Nacht Bescheid? Sollte ich einfach den Mut aufbringen und alles gestehen?

Ich schluckte, bevor ich antwortete: »Er war schön, danke.« Am besten ist es, neutral zu bleiben, sagte ich mir.

»Ich dachte, dass Ihr vielleicht noch einmal in den Tempel gehen möchtet?«, fragte Salomon mit gespielter Zurückhaltung. Ich fragte mich, ob er sehen konnte, wie meine Hände zitterten.

Ich nickte nur stumm, denn meine Stimme hätte mich verraten. Mein Herz hämmerte wie wild. Warum fühlte ich mich so schuldig, wenn ich in Wahrheit nichts Schlimmes getan hatte? »Weil Salomon dein Schicksal ist«, hörte ich Mutter in mein Ohr flüstern. *Mutter! O nein, nicht jetzt!* Die funkelnden Lichter neben Salomons linker Schulter wurden heller und schienen auf mich zuzukommen. Ich ging einen Schritt zur Seite, als die strahlende Wolke sich in meine Richtung bewegte! Sie sah aus wie der leichte Dunst, der unmittelbar nach dem Sonnenuntergang den Horizont in ein Meer gedämpft glühender Farben von Amber, Orange und

Blau taucht. Ich fühlte mich schwindelig und befürchtete, gleich in Ohnmacht zu fallen. Eine Windbö fuhr durch mein Haar und kühlte meine heißen Wangen, und ich schloss schnell die Augen.

Salomons Hand hielt meine umschlossen, und ihre warme Kraft beruhigte mich. Ich öffnete meine Augen und sah, dass er und ich nicht länger in seinem Gemach waren, sondern auf einem riesigen grünen Teppich saßen. Aus irgendeinem Grund alarmierte mich die Tatsache nicht, dass wir durch den Himmel flogen, völlig losgelöst von der Wüstenlandschaft unter uns. Etwas an Salomons ruhigem Verhalten war ansteckend. Ich wagte es nicht, mich zu bewegen, aus Angst, der Teppich könnte umkippen. Der Wind heulte so laut, dass ich Salomon weder fragen konnte, was das Ganze zu bedeuten hatte, noch hörte ich, ob Mutter bei mir war.

Dann sah ich den mittlerweile vertrauten Anblick des Tempeldaches vor uns. Als wir darauf zusteuerten, zuckte ich zusammen, denn wir schienen direkt auf die Mauer zuzufliegen.

»Wollt Ihr uns umbringen?!«, schrie ich, während ich mich an Salomon festhielt, bereit, jeden Moment von dem Teppich herunterzuspringen.

Salomon kümmerte sich nicht um meine Schreie und die schnell heranrasende Mauer. Unbeirrt schaute er geradeaus, mit einem ekstatischen Ausdruck im Gesicht. Im Stillen betete ich zu Almaqah und flehte ihn an, uns vor einem schmerzhaften Tod zu bewahren.

Mittlerweile waren wir nur noch wenige Zentimeter von der Mauer entfernt. Ich schloss meine Augen und bereitete mich innerlich auf den Aufprall vor.

Doch anstatt aufzuprallen, flogen wir ungehindert hindurch! Ich strich mir mit den Händen über die Schultern, um sicher zu sein, dass ich noch lebte und unversehrt war.

Jetzt schwebten wir so dicht unter der Decke des Tempels, dass ich mich vornüber neigen musste, um zu verhindern, dass ich mir den Kopf anstieß. Was geht hier vor?, fragte ich mich, als meine Hand durch einen geschnitzten spiralförmigen Vorsprung an der Decke glitt, den ich zu berühren versuchte.

Salomon wandte sich zu mir um. Erzengel Metatron stand neben seiner linken Schulter und eine andere Gestalt neben seiner rechten. Die zweite Gestalt strahlte ebenso hell wie Metatron, als wäre sie von Licht erfüllt, das aus jeder ihrer Poren strömte. Selbst ihr Haar schimmerte in einem flüssigen goldenen Licht. Sie trug einen purpurfarbenen Umhang, von dem ich zunächst dachte, er sei aus feiner Seide, doch bei näherem Hinsehen sah ich, dass er aus fließenden purpurfarbenen Strahlen bestand. Die Gestalt hielt einen Strahl goldenen Lichtes in ihrer rechten Hand, der wie ein Schwert aussah, doch offensichtlich keines war, da es weder fest noch aus Metall war.

»Schaut dort hinunter«, forderte Salomon mich auf und deutete auf die Vorhalle des Tempels unter uns. Eine Frau und ein Mann eilten auf den Vorhang zu, der die Halle vom Raum des Allerheiligsten trennte. Ich sah den Mann, wie er den Vorhang beiseite schob und auf die Bundeslade zeigte. Die Frau war lebhaft und sagte irgendetwas.

Vor Schreck blieb mir der Mund offen stehen. *Die Frau war ICH!*

Salomons Gesicht kam näher, als er mich beobachtete, wie ich mich selbst beobachtete. Wie war es möglich, mit Salomon auf einem Teppich zu sitzen, während ich gleichzeitig unten in der Vorhalle war? Ich konnte meinen Blick nicht von der Szene abwenden.

Mir wurde klar, dass ich mich selbst und Hiram am vergangenen Abend sah. Entsetzt über die Vorstellung, dass mein

Geheimnis so offen zur Schau gestellt wurde, fühlte ich heiße Tränen über meine Wangen strömen.

»Die Auswirkungen und Echos von allem, was wir tun, bleiben in den Wänden und Mauern von Gebäuden erhalten«, sagte Salomon. »Besonders wenn wir uns schuldig fühlen aufgrund von etwas, das wir getan haben. Die Schuld, die Ihr gefühlt habt, und die Ängste, dass Euer Geheimnis entdeckt wird, haben Signale ausgesendet, die andere spüren können. Wir müssen den Tempel von diesen niederen Energien befreien – jetzt!«

Die Gestalt neben Salomons rechter Schulter hob ihren Lichtstrahl in die Höhe. Purpurne Strahlen strömten heraus und ergossen sich in die Tempelvorhalle und auf Hiram und mich unter uns. Das Licht bewegte sich kreisförmig wie ein kleiner Wirbelsturm nach unten und saugte dabei von Hiram, mir und dem Tempel eine dunkle und finstere Substanz ein, die aussah wie Regenwolken.

»Was war das?«, fragte ich Salomon, als es vorbei war. »Königin Makeda, bitte begrüßt Erzengel Michael.« Wir nickten einander zu, und Salomon fuhr fort: »Michael sorgt dafür, dass die physische Welt von niederen Energien wie Angst, Schuldgefühlen und Gier gereinigt wird.«

»Das ist eine große Aufgabe!«, entfuhr es mir. Michael lächelte mich an, und ich fühlte mein Herz vor Wärme schmilzen, so als wäre ich draußen im strahlenden Sonnenschein. Ich schloss meine Augen, um das Gefühl voll auszukosten.

»Der Tempel war Adonais Verfügung, meinem Vater, König David, gegeben«, sagte Salomon.

Als ich meine Augen öffnete, waren wir zurück in Salomons Gemach! In meinem Kopf überstürzten sich die Gedanken, und ich ging zum Fenster, um frische Luft zu schöpfen. Erzengel Michael folgte mir und fächerte mir wortlos mit seinen

Händen über den Körper. Im nächsten Moment war mein Kopf wieder klar.

»Meine Liebe, fühlt Ihr Euch wohl?«, fragte Salomon, während er mir frisches Wasser brachte und mich zum Sofa führte, wo er sich neben mich setzte.

Ich trank das Wasser und stammelte, dass ich mich besser fühlte. Der König legte seinen Arm hinter meinem Kopf auf die Rückenlehne des Sofas und sagte: »Adonai hat meinem Vater sehr genaue Anweisungen bezüglich Dimensionen und Zweck des Tempels gegeben. Doch aufgrund seiner Beteiligung an Kriegen war es ihm dann doch nicht gestattet, ihn zu errichten. Das Erbe, das mein Vater mir hinterlassen hat, und der Grund, warum ich seine Krone geerbt habe, bestand darin, den Bau von Adonais Tempel auf dem Berg Moriah zu organisieren.«

Aufmerksam schaute Salomon mich an, bevor er fortfuhr: »Ich konnte ihn nicht alleine bauen. Offensichtlich brauchte ich Hilfe, daher schickte mir mein guter Freund, der König von Thyrrenien, jede Menge Zedernholz, Kristalle und Blattgold. Außerdem lieh er mir seinen Chefarchitekten aus, damit er den Bau des Tempels beaufsichtigt. Dieser Architekt ist Euer Freund Hiram Abiff.«

Ich errötete und blickte nach unten. Blieb keines meiner Geheimnisse unentdeckt?

»Hiram ist ein Meistersteinmetz und der beste Bauunternehmer im Land«, fuhr Salomon fort. »Er kennt die Geheimnisse der Architektur und wie man sie in Bewegung setzt. Ich habe Hiram eingestellt, weil er versteht, dass Adonai der größte Architekt des Universums ist. Hiram ist ein guter Mann, doch er hat ein Problem.«

»Und worin besteht das?«, fragte ich besorgt.

»Er kann nicht delegieren. Seine Arbeiter sind alle begierig darauf, von ihm die Geheimnisse seines Berufs zu lernen, doch Hiram ist der Meinung, dass sie noch nicht soweit sind, die letzten Geheimnisse der Architektur und des Steinmetzhandwerks zu erfahren. Das ist der Grund, warum er stets alleine an dem Tempel arbeitet.«

Das hörte sich für mich nicht wie ein allzu großes Problem an, bis Salomon erklärte, dass Hirams Arbeiter immer eifersüchtiger und frustrierter wurden. »Sie sind nach Jerusalem gekommen, um bei Hiram in die Lehre zu gehen. Stattdessen sagt man ihnen, sie sollen Steine zum Bauplatz schleppen«, erklärte Salomon. »Erzengel Michael hat Überstunden gemacht, um die Energie der Eifersucht von den Arbeitern zu nehmen, doch ihre Frustration wächst mit jedem Tag, da Hiram sich weigert, ihnen das Handwerk beizubringen. Ich mache mir Sorgen um die Energie des Tempels, und außerdem fürchte ich um Hirams Sicherheit.«

»Seine Sicherheit?«, fragte ich erschrocken.

»Ja, ich habe Grund anzunehmen, dass Hirams Männer eine Verschwörung gegen ihn planen«, erwiderte Salomon. »Doch macht Euch bitte keine Sorgen.« Zärtlich nahm der König meine rechte Hand. Er führte sie an seine Lippen, küsste sie sanft und streichelte sie.

»Habt Ihr ein wenig über unser Gespräch am gestrigen Abend nachgedacht?« Er sah mich an.

Ich überlegte, ob ich so tun sollte, als würde ich seine Frage nicht verstehen, doch etwas in mir drängte mich, ehrlich mit dem König zu sein. »Natürlich habe ich darüber nachgedacht«, sagte ich, wobei ich meine Worte vorsichtig wählte.

Salomon begann, meinen Arm mit Küssen zu bedecken, bis seine Lippen schließlich meinen Hals und mein Kinn berührten. Wenn ich mich doch nur zu ihm hingezogen fühlte! Wir hatten so vieles gemeinsam; zudem sah er fantastisch aus, war weise und gutherzig. Doch – ich schaute Salomon in die

Augen – er war nicht Hiram. Wie konnte ich ihn abweisen und ihm dadurch Seelenqual und Schmerzen zufügen?

»Ich bin mit Almaqah verheiratet«, sagte ich nach einer Pause. Schließlich war es die Wahrheit (wenn auch nicht die *ganze* Wahrheit). »Das Gesetz meines Reiches befiehlt, dass ich unverheiratet und Jungfrau bleiben muss.«

Salomon zog sich zurück. »Es ist Hiram, habe ich recht?« Er blitzte mich aus zusammengezogenen Augen an, und ich schluckte. Metatron und Michael zuckten beide mit den Schultern, um anzuzeigen, dass sie Salomon nichts verraten hatten. Aus irgendeinem Grund hatte ich plötzlich Angst um Hiram.

»Nun, die Zeit für Eure Nachmittagszeremonie ist gekommen«, sagte Salomon, erhob sich und bot mir seine Hand, um mir beim Aufstehen zu helfen. *Er hat so viel Klasse, dass er immer noch freundlich zu mir ist, obwohl ich seine Zärtlichkeiten zurückweise*, dachte ich, als wir hinaus in den Garten traten.

Ich konnte Hiram sehen, wie er mich während der Zeremonie beobachtete. Ich lächelte und winkte mit der Hand so, dass nur er es sehen konnte.

Ich muss ihn warnen!, wurde mir blitzartig klar.

14. Kapitel

Nach unserer Zeremonie teilte ich Sarahil und Tamrin mit, dass ich einen Mittagsschlaf halten wollte. Doch anstatt in mein Zimmer ging ich in den Garten und zum Tor hinaus zu der Stelle, wo normalerweise die Streitwagen standen. Zur Mittagszeit war niemand da. Ich schaute mich um und machte mir Sorgen, ob ich vielleicht Schuldgefühle ausstrahlte, die Salomon und seine Engel in die Lage versetzen würden, mich zu sehen. Dann fiel mir ein, dass Schuldgefühle nur im Inneren von Gebäuden festgehalten werden. Ich fühlte mich schlecht, dass ich Sarahil und Tamrin belogen hatte, doch mein Wunsch, mit Hiram zusammen zu sein, war stärker.

Ich hatte keine Ahnung, welche Richtung ich einschlagen sollte. Zum Glück saßen alle beim Mittagsmahl, daher war ich allein auf weiter Flur. Die heiße Sonne brannte mir auf den Kopf, und ihre Strahlen wurden von den Steinen, mit denen die Straße gepflastert war, reflektiert. Ich schaute hinauf zum Himmel und hoffte auf ein paar Wolken, als ich merkte, dass die Sonne mir in Wahrheit helfen konnte! Es waren Wochen vergangen, seit ich die Sonnenstrahlen zuletzt erfolgreich gechannelt und unsere Karawane nach Jerusalem teleportiert hatte. Ich war mir nicht sicher, ob ich vielleicht aus der Übung war, entschied aber dennoch, es auf einen Versuch ankommen zu lassen. Ich legte meine Hände schalenförmig zusammen, während ich mir vorstellte, bei Hiram zu sein. Ich visualisierte diese Szene, wie sie direkt vor meinem Solarplexus schwebte, genau wie Mutter es mich gelehrt hatte. Dann atmete ich die Sonnenstrahlen in mich hinein und stellte mir vor, wie ich diese Energie in die Vision von Hiram und mir ausatmete.

Ich atmtete immer wieder ein und aus und erfüllte die romantische Vision mit immer stärker werdendem Licht. Mein Herz war leicht und warm, so als würde Hiram mich fest in seinen Armen halten. Ich konnte seinen Sandelholzduft riechen, seine Lippen schmecken und seine starken, muskulösen Arme spüren. Es fühlte und hörte sich so echt an, da ich alle meine Sinne benutzte, um meine Sehnsucht Gestalt annehmen zu lassen. Ich bekam eine Gänsehaut, als Hiram mit seinen Fingern leicht über meine Arme strich. Ich wollte gerade seine Hand berühren, als ich merkte, dass dies keine Vision war – es war *tatsächlich* Hiram!

Die Aussage der Kraft hatte wieder einmal ihre Wirkung nicht verfehlt, und unsere Lippen feierten diese köstliche Wiedervereinigung. Ich drehte mich um, um sicherzugehen, dass uns niemand sehen und herausfinden würde, dass ich den Palast verlassen hatte und wir hinter der *Geschmolzenen See* standen, dem Bronzebecken, an dem Hiram arbeitete.

Ich machte mir Sorgen, dass ich so bald nach Salomons Entdeckung unseres ersten heimlichen Rendezvous' zu der Tempelanlage zurückgekehrt war, doch beruhigte ich mich selbst und dachte, dass wir schließlich im Freien waren und somit nicht das Gebäude mit Schuldgefühlen verunreinigen würden. Außerdem hatten meine Treffen mit dem Mann, der so oft in meinen Träumen zu mir gekommen war, etwas Metaphysisches. Ich musste die Bedeutung hinter jenen Träumen und Gefühlen erfahren, zusammen mit dem Grund, warum Mutter sich so hartnäckig unserer Beziehung widersetzte.

Hiram half mir, die Leiter hinaufzuklettern, die an der Seite der Bronzeskulptur stand. Er folgte mir in das Becken hinein, dessen Innenseite ebenso wunderschön und kunstvoll gestaltet war wie sein Äußeres. Jedes Geräusch, das wir machten, vibrierte und hallte wie ein vielfaches Echo zurück, also setzten wir uns still nebeneinander und hielten uns umschlungen.

Ich fühlte mich in Hirams Gegenwart glücklich … so friedlich und sicher, als würde ich ihn seit ewigen Zeiten kennen, wenngleich ich nichts über ihn wusste, da wir verschiedene Sprachen hatten und nicht verbal kommunizieren konnten. Die Basis unserer Beziehung war ein starker elektrischer Magnetismus, der uns zueinander hinzog – in Träumen wie auch im Wachzustand.

Plötzlich zog sich mein Bauch zusammen, und ich erkannte, dass sich – so zufrieden ich mich auch fühlte – Unbehagen in mir ausbreitete.

Als ich mich auf meinen Bauch konzentrierte und ihn bat, mir seine Gefühle zu verraten, erhielt ich die Antwort, dass meine Beziehung mit Hiram sich wie etwas Vorübergehendes und Unverbindliches anfühlte. Durch diese Erkenntnis wuchsen meine Befürchtungen, daher bediente ich mich eines mentalen Tricks, den Mutter mir gezeigt hatte: Ich stellte mir mich selbst in der Zukunft vor, um zu sehen, ob Hiram an meiner Seite war. Ich schaute mir meine königlichen Pflichten und mein Zuhause an, doch egal wie lange ich suchte, ich konnte Hiram in meiner Zukunft weder sehen noch fühlen. Meine Augen füllten sich mit heißen Tränen, denn mir kam die Situation ungerecht vor. Wie konnte ich so privilegiert sein in Bezug auf Reichtum und Macht, doch so unerfüllt in meinem Liebesleben?

Hiram musste meinen Schmerz gefühlt haben, denn er hielt mich noch enger umschlungen. Mein Magen flatterte vor Erregung, und ich schluckte hart, als er besänftigend über meinen Rücken streichelte. In seinen Armen fühlte ich mich so sicher, und das Leben schien so einfach. Ich wünschte mir, dass dieser Moment ewig dauern würde.

Glücklicherweise fühlte Hiram für mich dasselbe, und im Laufe der folgenden Wochen trafen wir uns jeden Tag und an den meisten Abenden. Ich benutzte Aussagen der Kraft und die Strahlen der Sonne und des Mondes, um Hiram und mich vor den neugierigen Augen anderer zu schützen.

Da wir nicht die Sprache des anderen beherrschten, benutzten wir Zeichnungen und Handsignale, um zu kommunizieren. Hirams architektonisches Wissen war grenzenlos; und er machte mich auf geometrische Formen alltäglicher Objekte in der Natur aufmerksam, wie zum Beispiel die kreisrunden Ringe in Baumstämmen; die perfekten Muster in Palmblättern; und die dreizehn Rechtecke auf den Panzern der Schildkröten.

Ich beobachtete Hiram, wie er ohne Hemd und wunderbar muskulös an der Skulptur der *Geschmolzenen See* arbeitete, indem er eine Fackel und Sandpapier benutzte, um die Details zu vollenden. Ich sah ihm zu, wie er die zwölf bronzenen Ochsen mit seiner Kunstfertigkeit zum Leben erweckte. Ich bewunderte die Sorgfalt und Detailgenauigkeit, mit der Hiram jedem Tier Augen gab und dafür sorgte, dass sie einen demütigen, hingebungsvollen Ausdrucks bekamen.

Obwohl er jede Menge williger Helfer zur Seite hatte, arbeitete Hiram stets alleine. Ohne Worte konnte er mir vermitteln, dass seine Assistenten für die heiligen Geheimnisse der Steinmetzkunst einfach noch nicht bereit waren. Ich beobachtete, wie die Lernwilligen jedes Mal in sich zusammenzufielen schienen, wenn er ihnen sagte, dass er ihre Hilfe nicht benötigte. Drei von ihnen schienen besonders stark den Wunsch zu verspüren, mit Hiram zu arbeiten. Ihre Hartnäckigkeit erschreckte mich!

Hiram war so weit, die letzten Details an der Skulptur zu vollenden, und er bereitete eine Art großen Ring vor, in den er die geschmolzene Bronze schütten wollte, um den Rand des Beckens mit einer Einfassung gusseiserner Lilien zu schmücken.

Seine Kunstfertigkeit wurde ganz besonders deutlich, als er die Form für den Blumenring meißelte. Zuweilen war er so in seine Arbeit versunken, dass er meine Anwesenheit zu vergessen schien, doch wenn ich Anstalten machte, zum Palast zurückzugehen, wachte er jedes Mal aus seiner schöpferischen Trance auf und drängte mich zu bleiben.

An einem dieser Abende fühlte ich mich müde, so sehr ich auch bei Hiram bleiben und ihm zuschauen wollte, wie er seine flüssigen Lilien goss; also küsste ich ihn und fing die Strahlen des Mondes mit meinen Händen ein, um mich in mein Schlafzimmer zu transportieren. Ich fiel sogleich in einen tiefen Schlaf, bis ich mitten in der Nacht von Männerstimmen aus dem Innenhof geweckt wurde, die laut durcheinander schrien. Offensichtlich herrschte ein reges Kommen und Gehen. Ich konnte hören, wie sie Pferde vor Streitwagen spannten, gefolgt von dem unmissverständlichen Geräusch von Hufen, die davongaloppierten.

Ich sprach ein schnelles Gebet zu Almaqah und Athtar mit der Bitte, die Männer und ihre Pferde zu beschützen und sich des Notfalles, denn darum handelte es sich offensichtlich, anzunehmen. Dann schlief ich wieder ein.

In jener Nacht kam Hiram im Traum zu mir. Ich lief zu ihm, um in seine Arme zu sinken, doch seine Arme waren wie leblos, und sein Gesicht war ganz blass. Erschrocken fragte ich ihn, was ihm fehlte. »Es tut mir so leid, Makeda«, war alles, was er in einwandfreiem Shebaisch sagte, und dann verschwand er.

Kerzengerade setzte ich mich in meinem Bett auf, und

mein Herz schlug mir bis zum Hals. Irgendetwas Furchtbares war passiert – ich spürte es! Ich schlüpfte in ein langes Kleid und lief zur Tür hinaus. Alle meine Instinkte zogen mich zu Hiram und dem Tempel.

15. Kapitel

Ich rief einem vorbeifahrenden Streitwagen zu, er solle mich mitnehmen. Er hielt lange genug an, dass ich aufspringen konnte, und innerhalb von Minuten erreichten wir die Ausläufer vom Berg Moriah, wo Dutzende weitere Streitwagen vorgefahren waren. Männer mit brennenden Fackeln in der Hand erleuchteten die Gegend in der Nähe der *Geschmolzenen See*. Drei Männer, deren Hände auf dem Rücken gefesselt waren, wurden abgeführt. Als ich mich dem Bronzebecken näherte, sah ich vier kleine Feuer, die neben dessen Sockel schwelten. Einer von Hirams meisterhaft gehauenen Ochsen war über und über mit flüssiger Bronze beschmiert.

Als ich näher heranging, sah ich, dass einer der Männer Tamrin war. Er und die anderen schauten auf den Boden hinunter, wo sich ein Strom flüssiger Bronze ergossen hatte. Hirams Lilienblüten-Form lag zerbrochen dort, und ich sah einen Mann, der mit ausgestreckten Gliedern in diesem Meer flüssiger Bronze lag. Sein Gesicht und seine Kleidung waren geschwärzt, so als wäre er von dem Feuer eingeschlossen worden und verbrannt.

Tamrin sah mich, streckte mir seine Hand entgegen und schrie: »Königin Balkis, bleibt stehen!«, als ich mich auf den am Boden liegenden Mann zubewegte. Das war der Moment, wo ich erkannte, dass die verbrannte Gestalt Hiram war.

»Nein!«, schrie ich und rannte zu der Stelle, wo er lag. Tamrin und die anderen Männer versperrten mir den Weg und zogen mich, so sehr ich mich auch wehrte, zurück in die Menge.

»Die flüssige Bronze und die Feuer sind zu gefährlich, Königin Balkis«, flüsterte Tamrin mir zu. »Wir wollen nicht, dass auch ihr getötet werdet!«

Getötet? Hiram ist tot? Schluchzend rannte ich weg, die Treppe hinauf zum Tempel, und drehte mich nur einmal kurz um und betrachtete die Szene unter mir, während ich mich den beiden Säulen oben näherte. Ein Strahl des hellen Mondscheins tauchte die Spitze der *Geschmolzenen See* in ein zartes Licht, und wie durch Zauberhand wurden in das Metall gehauene Lilien am Rand des Beckens sichtbar. Ich schaute zum Mond hinauf und sah Hirams lächelndes Gesicht, das mich anstrahlte.

»Hiram!«, rief ich unter Tränen und lief zu dem Raum des Allerheiligsten. Vielleicht würde die Bundeslade mir Trost spenden und Antworten bereithalten, warum dieser Wahnsinn passierte. Vielleicht würde sie sogar den armen Hiram heilen und ins Leben zurückholen können!

Ich zog die Vorhänge beiseite und stieg über die goldene Kette, die vor dem Eingang gespannt war. Der Raum war dunkel, abgesehen von dem schimmernden Licht über dem Kasten der Bundeslade zwischen den beiden geschnitzten Engeln. Ein hoher, wirbelnder Ton in perfekter Übereinstimmung mit dem schimmernden Licht verliehen dem Raum eine unheimliche Stimmung. Ein lautes, mürrisches Klagen erschreckte mich, und ich trat sofort einen Schritt zurück, als der Kasten anfing, wie ein störrischer Esel ruckartig auf- und ab zu hüpfen.

Eine dichte Wolke von Energie umfing mich und verlangsamte meine Bewegungen, so dass ich den überwältigenden Klagelauten, die der Lade entwichen, nicht entfliehen konnte. Ich fiel auf den Boden, geschwächt von der dichten Energie um mich herum, so als würde ich mit dem Kopf unter Wasser gehalten und könnte nicht mehr atmen. Die Lichter und Geräusche wurden schwächer, und ich wunderte mich, ob ich vielleicht dem Tod nahe war. Dann fühlte ich etwas um meine Beine herum und gewann lange genug das Bewusstsein wieder, um zu merken, dass ich über den Boden geschleift wurde.

»Das war knapp!«, sagte eine männliche Stimme. Ich öffnete die Augen und sah drei Männer, die auf mich herunterschauten. Ich versuchte aufzustehen, doch mein schmerzender Kopf zwang mich zurück in eine horizontale Position. »Lasst Euch Zeit, Königin Makeda«, sagte dieselbe Stimme, die ich jetzt als Tamrins erkannte.

Ich stöhnte und nahm dankbar den Becher mit Wasser entgegen, den jemand in meine Hand drückte. Langsam wurde ich in eine sitzende Position gehievt. Ich steckte meinen Kopf zwischen die Beine, um zu verhindern, dass ich erneut ohnmächtig wurde. Jemand massierte meinen Rücken, und ich merkte, wie meine Energie zurückkam. Ich atmetete tief ein, und mir wurde wieder schwindelig. Bunte Lichter mit kleinen, runden Punkten wirbelten um mich herum, beginnend an meinen Füßen und sich spiralförmig nach oben bewegend, bis sie meinen Kopf erreicht hatten.

Und plötzlich stand ich wieder, ohne zu wissen, wie ich auf die Füße gekommen war. Tamrin war nicht mehr da, doch König Salomon und die Erzengel Metatron und Michael lächelten mich an. Metatron streckte mir seine Hände entgegen, und er schien den wirbelnden Lichtern und Punkten zu bedeuten, mich zu umkreisen. Mit jeder Umkreisung wurde ich mir selbst und meiner Umgebung deutlicher gewahr.

Ich sah eine Bank und ging langsam auf sie zu, um mich zu setzen. »Was ist passiert?« Ich kratzte meinen Kopf.

Salomon setzte sich neben mich und legte seinen rechten Arm hinter meinen Rücken, um mich zu stützen. »Die Energie der Lade stieß mit deiner eigenen zusammen«, sagte er. »Du warst über Hirams Tod entsetzt, und deine explosiven Gefühle führten um Haaresbreite deinen eigenen Tod herbei.«

Hiram! Die Erinnerungen an die Ereignisse der letzten Nacht waren irgendwie verschwommen. »Was ist mit Hiram geschehen?« Ich atmete die Frage mehr, als dass ich sie sprach, nicht sicher, ob ich die Antwort hören wollte.

Salomon erwiderte: »Drei von Hirams Gehilfen waren eifersüchtig, dass er sie nicht in die Steinmetzkunst einweihte. Sie wollten Hirams Geheimnis wissen, und als er ihrem Wunsch nicht nachkam, rächten die Männer sich, indem sie absichtlich das Rezept für das Schmelzen der Bronze verpfuschten. Als Hiram die geschmolzene Flüssigkeit in seine Form gießen wollte, entzündete sie sich. Hiram wollte seine Skulptur retten und wurde von den Flammen überwältigt. Er starb einen Heldentod, im Dienste für Adonais Tempel. Du kannst stolz auf ihn sein.«

Liebevoll drückte Salomon meinen Arm und sah mich voller Anteilnahme an. Ich erlaubte ihm, mich in den Arm zu nehmen, während ich leise weinte. Der Gedanke, das Hiram gelitten hatte, war unerträglich. Ich fragte mich, ob ich seinen Tod irgendwie hätte verhindern können.

»Nicht einmal wir hätten seinen Tod verhindern können«, versicherten mir die Erzengel. Michael trat einen Schritt vor und erklärte, dass er nicht Hirams freien Willen untergraben konnte, indem er ihn rettete – er konnte ihn lediglich warnen. »Was ich viele Male tat«, fügte er hinzu. »Hiram hat meine Warnungen bezüglich der wachsenden Bitterkeit seiner Gehilfen gehört, doch er fühlte, dass es wichtiger war, seine Geheimnisse der Steinmetzkunst für sich zu bewahren. Er hat seine Entscheidung bewusst getroffen.«

Diese Information war irgendwie beruhigend, doch ich fragte mich noch immer, ob Hiram gelitten hatte.

»Ich war bei ihm, als er starb«, sagte Michael mit leiser Stimme. »Ich habe persönlich seine Seele aus seinem Körper geleitet, bevor der Schmerz ihn überwältigen konnte. Sein einziger Schmerz bestand darin zu sehen, wie seinem Meisterwerk das letzte Zeichen der Perfektion versagt blieb, das er geplant hatte. Das ist der Grund, warum wir ihm halfen, die Energie des Mondes zu channeln, damit die *Geschmolzene See* mit dem Band aus Lilien um ihren Rand vollendet werden konnte.«

Arbeiteten auch die Engel mit der Energie des Mondes? »Ich dachte, dass ihr nur mit eurem Gott Adonai verbunden seid,« sagte ich.

»Und woraus ist deiner Meinung nach die Energie des Mondes gemacht?«, fragte Erzengel Metatron. »Egal welchen Namen du benutzt, um Gott oder Adonai zu beschreiben, du beschreibst immer dieselbe universale und allgegenwärtige Energie. Daher ist Adonais Energie der Mond und umgekehrt.«

Mir wurde erneut schwindelig. Ich hatte stets den Mondgott Ta'lab als so mächtig angesehen, dass nichts – nicht einmal Almaqah, der Sonnengott – ihn kontrollieren konnte. Und jetzt deutete Metatron an, dass das ganze Fundament meiner religiösen Glaubenssätze falsch sein könnte.

»Nicht falsch«, sagte Metatron zärtlich, »nur einschränkend. Der Mond ist eine starke Macht, weil er ein Aspekt der Einen machtvollen Kraft ist, die das Universum erfüllt. Du kannst jeden Namen benutzen, der dir gefällt, um diese Eine Kraft zu benennen. Salomons Volk wählte das Wort

Adonai, also nehme ich diesen Namen, um die Kraft zu beschreiben, die hinter dem Mond, der Sonne und den Sternen steht.«

Ich setzte mich wieder hin und hielt meinen Kopf mit den Händen fest, um dem pochenden Gefühl Einhalt zu gebieten. Meine ganze Welt war ins Wanken geraten!

»Was hält deiner Meinung nach Sonne, Mond und Sterne am Himmel?«, fragte Metatron ohne den leisesten Hauch von Herablassung.

»Darüber habe ich noch nie nachgedacht. Ich nehme an, die gleiche Kraft, die mich am Leben hält, oder die mir hilft, aufrecht zu stehen. Ich habe immer angenommen, dass es Almaqah ist.« Metatron setzte sich neben mich und legte mir den Arm um die Schulter. Ich lehnte mich an ihn und genoss seine sanfte und zugleich starke Berührung. Salomon, der auf der anderen Seite saß, drückte mir verständnisvoll die Hand. Metatron fuhr fort: »Jenseits der Sonne gibt es noch so unendlich viel mehr! Das ganze Universum wird von einer unsichtbaren, aber spürbaren Macht zusammengehalten, die die Menschen Adonai nennen, Gott oder Yahweh … die Macht, die Sonne, Mond und Sterne am Himmel hält.«

»Ist Adonai nun ein Gott oder eine Göttin?«, wunderte ich mich.

»Beides!« Metatron lächelte in sich hinein. Als er meine verwirrte Miene sah, erklärte er: »Jedes scheinbare Gegenteil ist Teil der Einen Kraft Adonai: heiß und kalt, dunkel und hell, männlich und weiblich. Wenn wir das Männliche vom Weiblichen unterscheiden, schaffen wir damit einen ›Fokus der Dualität‹, was zur Folge hat, dass wir uns von Adonai und den anderen Menschen getrennt fühlen.

Alle Menschen tragen sowohl männliche als auch weibliche Energien in sich. Die männliche Energie wird für Stärke und Schutz benötigt, während die weibliche Energie eher nährend, fürsorglich und künstlerisch ist.«

Ich dachte an die Zeiten, wo meine Führungskraft verlangt war und ich mich wie ein männlicher Krieger gefühlt hatte. Dann wieder gab es andere Situationen, wo ich mich weiblicher fühlte, wenn ich mich zum Beispiel in meinem Schlafzimmer auf dem Bett mit meiner geliebten Katze Abby kuschelte, oder damals, als ich nach einer unserer Zeremonien einfach mit den anderen Frauen tanzte.

»Du konzentrierst dich auf eine Gottheit als entweder männlich oder weiblich und gibst auf diese Weise den Spezialitäten der jeweiligen Gottheit Ausdruck. Almaqah zum Beispiel wird als männlich angesehen, weil die leuchtende Hitze und goldenen Strahlen männliche Stärke symbolisieren. Doch in Wahrheit ist die Sonne gleichermaßen nährend und lebensspendend, was weibliche Eigenschaften sind. Also hat Almaqah genau wie jeder andere starke Mann weibliche Qualitäten. Umgekehrt gilt das Gleiche für Frauen, denn auch sie haben männliche Eigenschaften. Das ist der Grund, warum wir sagen, dass Adonai sowohl die Mutter als auch der Vater des Universums ist.«

Ich hatte das Gefühl, als drückten Metatrons Worte die Wahrheit aus, auch wenn ich immer noch nicht alle Feinheiten seiner Philosophie verstand. Irgendwie hatte er etwas absolut Vertrauenswürdiges an sich. Ich konnte seine Güte und Reinheit fühlen, und ich spürte, dass er nicht versuchte, mich zu bekehren oder von irgendetwas zu überzeugen. Er teilte mir einfach in bester Absicht Informationen mit.

Meine Gedanken gingen zu Hiram zurück, und ich machte mir Sorgen, ob es seiner Seele gut ging. Ich vermisste ihn so sehr! Obwohl unsere Beziehung nur kurz gewesen war, hatte ich jeden Augenblick unseres Zusammenseins aus tiefstem Herzen genossen. Ich schmeckte das heiße Salz meiner

Tränen, als ich versuchte, mir ein Leben ohne Hiram vorzustellen. *Warum gerade er? Er war ein so guter und begnadeter Mensch gewesen!*

Metatron hielt mich, während ich weinte. Als ich meine Augen wieder öffnete, lag ich in meinem Bett, und Mutter streichelte mich sanft. Ich blinzelte sie an und wollte sie sofort mit Fragen überschütten, doch war ich zu schwach, um überhaupt ein Wort herauszubringen, also schlief ich wieder ein. Ich schwor mir, das Geheimnis zu entdecken, von dem Hiram gewusst hatte … und was ihn letztlich das Leben gekostet hatte!

16. Kapitel

Am nächsten Tag wollte ich nicht aufsehen. Sarahil brachte mir das Frühstück ins Zimmer und wusch meine Haare, genauso, wie sie es daheim in Sheba immer tat. Wenn ich auch weder das Bedürfnis hatte zu reden oder zu essen, war ich doch froh über ihre tröstende Gegenwart. Auch Mutter war noch immer bei mir.

Mein ganzer Körper schmerzte vom vielen Weinen, und ich spürte ein tiefes, gähnendes Loch in meinem Herzen, weil ich Hiram so sehr vermisste. Wie glücklich wir zusammen gewesen waren! Unsere Verbindung war die reine Magie gewesen. Trotz unserer verschiedenen Sprachen hatten wir perfekt miteinander kommuniziert.

Ich hatte mir ausgemalt, wie ich Hiram heiraten und Kinder mit ihm haben würde. Wir würden alle in Sheba leben, und endlich würde mein Leben erfüllt und sinnvoll sein. Doch dieser Traum war letzte Nacht gestorben, und in meine Trauer mischte sich Wut.

Ich knirschte mit den Zähnen und schlug mit meinen Fäusten so hart auf das Kopfkissen ein, dass Sarahil erschrocken den Raum verließ, indem sie eine Entschuldigung murmelte, sie müsse irgendetwas holen. Hiram war so begabt und voller Güte gewesen, dass ich seinen Tod nicht einfach hinnehmen konnte, ohne nicht wenigstens zu versuchen, Licht in die Angelegenheit zu bringen. Sicher, die Wachen hatten seine drei Mörder geschnappt, die wahrscheinlich hingerichtet werden würden, doch es ging nicht darum, seinen Tod zu rächen. Ich musste dafür sorgen, dass Hirams Arbeit – und damit er selbst – weiterleben würde. Ich musste sein Geheimnis erfahren, damit ich sein Wissen anwenden konnte, um den Tempel und alles Weitere, was er geplant hatte, zu vollenden. Doch wie sollte ich herausfinden, was es war?

* * *

Hirams Begräbnis fand bereits am nächsten Tag statt, da die Bräuche in Jerusalem eine umgehende Beerdigung vorsahen. Niemand war in der Lage gewesen, seine Familie ausfindig zu machen, und jemand sagte, man gehe davon aus, dass er als kleiner Junge seine Eltern verloren hatte und als Waise aufgewachsen war. Wie wenig hatte ich doch über meinen geliebten Hiram gewusst!

Da er offensichtlich weder Freunde noch Familie hatte, bot König Salomon an, selbst die Gebete während der Bestattungsfeierlichkeiten zu sprechen. Traditionell wird das jüdische Trauergebet – Kaddisch genannt – bei den Feierlichkeiten gelesen. Da Hiram jedoch nicht jüdisch gewesen war, bot Salomon stattdessen ein überkonfessionelles Gebet an, dessen Worte von ihm stammten:

Wir werfen die Münze, doch ist es Adonai, der ihren Fall entscheidet. Adonais Name ist ein wehrhafter Turm; die Gerechten gehen hinein und sind in Sicherheit. Jedes Wort von Adonai stellt sich als wahr heraus; Er ist all jenen ein Schutzschild, die ihre Zuflucht in ihm suchen.

Hirams Körper lag in einem geschlossenen Holzsarg, einem traditionellen Brauch zufolge, der besagt, dass die Seele den

Körper verlässt, wenn er verwest. Er würde auf einem Friedhof begraben werden, der für Nicht-Juden vorgesehen war. Ich sprach ein stilles Gebet mit der Bitte, dass Athtar, der Venus-Gott, der die Verstorbenen beschützte, sich um Hiram kümmern möge. Abgesehen von Salomons leidenschaftlichem Gebet war das Begräbnis für meine Begriffe sehr ernst und schlicht. Doch vielleicht war mein Urteil ungerecht, weil ich es mit denen in Sheba verglich, die eher Festlichkeiten glichen, die zu Ehren des Toten abgehalten wurden.

Salomon fuhr mit seiner Trauerrede fort:

Adonai wird der gerechten Seele nicht erlauben zu darben. Große Segnungen werden den Gerechten zuteil, und die Erinnerung an den Gerechten ist gesegnet. Der Weg des Gerechten ist wie der erste Schimmer am Horizont des neuen Morgens, der immer heller wird im vollen Licht des Tages. Die Erinnerung an den Gerechten ist gesegnet. Ein guter Name ist erstrebenswerter als große Reichtümer; geschätzt und geachtet zu werden ist besser als Silber oder Gold zu besitzen. Klugheit wird über dich wachen, und Verstehen wird dich schützen, lieber Hiram!

Salomons Stimme zitterte, und er hustete, als er sich die Augen wischte. War es möglich, dass auch er um Hiram trauerte? Ich hatte nicht gewusst, dass die beiden sich so gut kannten. Ich war immer davon ausgegangen, dass Hiram lediglich bei Salomon in Lohn stand.

Nach dem Begräbnis kam Salomon direkt zu mir herüber und fragte: »Werdet Ihr mich in den Park begleiten?« Seine Augen waren gerötet und feucht, mit dunklen Ringen darunter. Ich spürte, dass Salomon einen Freund brauchte, jemanden, in dessen Gegenwart er ganz er selbst sein konnte. Und ich konnte seine Leere sehr gut nachvollziehen, die ein königlicher Rang mit sich brachte – auch ich fühlte sie.

Salomon forderte von seinen Wachen, dass sie uns genug Freiraum gaben, was sie aufgrund des Mordes in der vergangenen Nacht nur ungern taten. Dennoch blieben sie weit genug hinter uns, dass ich das Gefühl hatte, ich könnte offen mit dem König reden, ohne befürchten zu müssen, etwas zu sagen, dass die Gerüchteküche des Volkes zum Kochen bringen würde. Mitglieder königlicher Familie mussten so vorsichtig sein bei allem, was sie sagten oder taten!

Ein herrlicher Rosenstrauch zog meine Blicke auf sich, als eine Biene emsig zwischen den zartrosa Blüten hin- und herflog. »Sie müssen gerade erst erblüht sein«, sagte Salomon, als er bemerkte, wohin ich schaute. »Bei unserem letzten Besuch waren sie noch ganz geschlossen.« Er streckte seine Hand aus zu einer der blühenden Rosen, und ich hatte Angst, dass die Biene, die gerade darauf gelandet war, ihn stechen könnte.

»Seht Euch vor!«, warnte ich.

Die Biene kletterte aus der Blüte heraus auf Salomons ausgestreckte Hand. Er führte die Hand mit der Biene dicht vor sein Gesicht und sagte: »Hallo, kleiner Kerl! Würde es dir etwas ausmachen, wenn ich diese Rose meiner Auserwählten schenken würde?« Salomon legte sein Ohr an die Biene, so als würde er auf eine Antwort lauschen. Ich war sicher, dass die Biene ihn gleich in die Wange stechen würde!

Der König legte seine Hand auf eine andere Rose, und die Biene hüpfte herunter, als sei nichts geschehen. Salomon riss sanft die Blüte ab, die der Biene eben erst als köstliche Quelle süßen Nektars gedient hatte, und überreichte sie mir. Ich atmete ihren süßen Duft dankbar ein, glücklich über diesen Augenblick der Freude, der meine Stimmung aufhellte. Ich schaute auf die Blume und dann auf Salomon, dessen Augen mich voller Sehnsucht und Einsamkeit ansahen. Ich fragte mich, was ich tun konnte, um sowohl Salomons Herz als auch mein eigenes leichter zu machen.

Ein Rätsel! »Dabei kann ich dir helfen, mein Schatz!«, frohlockte Mutter in meinem rechten Ohr, als Salomon und ich den Gartenweg des Parks entlang gingen.

Mutter!, fauchte ich zurück, denn ich ärgerte mich über die Störung.

»Ich habe genau für diesen Anlass eine Liste von Rätseln vorbereitet!«, sagte Mutter und faltete eine lange Schriftrolle auseinander.

Sie begann mir die ersten vorzulesen, als ich sie unterbrach: *Das kann ich selbst, Mutter.* Ich war überraschend ruhig, als ich erklärte: *Ich muss es alleine tun. Ich muss wissen, dass ich mir selbst Rätsel und andere Ideen ausdenken kann.* Dann fügte ich schnell hinzu: *Aber ich danke dir für dein Angebot, mir zu helfen!*

»Wie auch immer, ich bin hier, falls du mich brauchst, Liebling«, antwortete sie.

Offen gesagt, Mutter, würde ich es vorziehen, wenn du uns an diesem Nachmittag ganz allein lässt – bitte sei nicht böse!

»Also gut, mein Schatz. Ich werde nicht nachsehen kommen. Doch vergiss nicht, dass ich immer in Hörweite bin. Wenn du mich brauchst, musst du nur nach mir rufen.« Als sie ging, fühlte ich eine Veränderung des Luftdrucks um meinen Kopf herum. Ich schaute zu Salomon, um zu sehen, ob er etwas gemerkt hatte, doch er schien in Gedanken versunken zu sein. Vielleicht sprach auch er gerade mit *seinen* Engeln! Als ich hüstelte, schaute Salomon mich an. Er küsste meine Wange und zeigte auf zwei Schwäne, die Seite an Seite über den Teich schwammen. Sie kamen nahe ans Ufer heran, und Salomon holte ein Taschentuch aus seiner Hosentasche. Feierlich öffnete er das weiße Tuch, und darin war getrockneter Mais, den er in meine Hand schüttete und nur ein wenig davon für sich behielt.

Während er das Tuch in seine Hosentasche zurücksteckte,

drängte Salomon mich, meine Hände mit der Handfläche nach oben auszustrecken, den Mais darauf zu legen und die Schwäne zu füttern. Ich sah, wie einer von ihnen seinen großen dunklen Schnabel gegen Salomons Hand drückte. Meine Schultern spannten sich an, da ich fürchtete, er würde Salomon beißen. Doch meine Sorge war unbegründet, da der Schwan nur sanft an den Körnern knabberte und nicht an Salomons Finger. Da der andere Schwan auf mich zu warten schien, öffnete ich nervös meine Hände, zog sie jedoch wieder zurück, als das Tier sich näherte.

»Keine Angst«, beruhigte Salomon mich, während er sanft den Kopf des Schwans streichelte. »Er wird dich nicht beißen, ich verspreche es.« Der König nahm meine Hand in die seine, und wir wölbten sie zu einer Schale, damit die Schwäne sich gemeinsam gütlich tun konnten. Ich kicherte, als ihre Schnäbel meine Handfläche kitzelten. Nachdem sie satt zu sein schienen, half Salomon mir, den weiblichen Schwan zu streicheln, der die Zuneigung zu genießen schien. Als die beiden Schwäne ins Wasser zurückwatschelten, stieß der männliche Schwan einen lauten Schrei aus. Es hörte sich an – ich schwöre es –, als wollte er uns danken.

Die beiden Schwäne wanden ihre Hälse umeinander, als sie unter den schattenspendenden Ästen einer schlanken Weide hindurchschwammen. Ich fühlte Salomons Blick auf meinem eigenen Nacken und errötete bei der Erkenntnis, dass er romantische Fantasien über mich hatte. Die ineinander verschlungenen Schwäne schwammen mit der sanften Strömung und machten den Eindruck, als sei die Liebe zwischen Mann und Frau etwas ganz Einfaches und Natürliches. Es wäre leicht, sich in Salomon zu verlieben. Er sah fantastisch aus, hatte ein sanftmütiges Herz und war sehr wohlhabend – und er wollte mich. Doch mein Herz war durch Hirams Tod und Abwesenheit taub geworden. Ich seufzte tief. Im nächsten

Moment sah ich einen Blitz purpurfarbenen Lichtes und war dankbar für diese Ablenkung von meinen Gedanken und Gefühlen. Als ich auf den purpurnen Fleck zuging, sah ich, dass es die Blüte einer Wasserlilie war, die sich geöffnet hatte, um das Sonnenlicht einzufangen. Ich hockte mich hin, um ihre wundervollen Blütenblätter anzuschauen, deren violetter Farbton mich an die Farben erinnerte, die ich bei den Sonnenuntergängen in der Wüste auf unserer Reise nach Jerusalem gesehen hatte.

»Sie schließt ihre Blätter jeden Abend«, sagte Salomon und unterbrach meine Gedanken.

»Verzeihung, was habt Ihr gesagt?«, fragte ich.

»Die Wasserlilie schließt ihre Blütenblätter, sobald die Dunkelheit hereinbricht«, erklärte er. »Ähnlich wie die Menschen. Wenn jemand das herrliche Licht nicht mehr wahrnimmt, das in ihm und jedem Menschen leuchtet, verschließt er sich. Und dann kann man die Farben der Person nicht mehr sehen.«

Ich fragte mich, ob Salomon damit auf *mich* anspielte. Wenn ja, worauf wollte er hinaus?

»Nun, manche Menschen haben einfach nicht viel Licht in ihrem Herzen«, murmelte ich vor mich hin und dachte dabei an Hirams Mörder. »Wie konnten sie so kaltblütig sein und Hiram absichtlich töten? Ich kann keine Lichter in *ihren* Herzen leuchten sehen!«

»Schlechtigkeit gereicht niemandem zum Vorteil, doch Rechtschaffenheit erlöst vom Tod. Adonai erlaubt nicht, dass gute Menschen Entbehrungen erleiden, sondern hindert stattdessen schlechte Menschen daran, das zu bekommen, was sie wollen.« Salomon lächelte schelmisch und summte eine Melodie, als er seine Worte in einem kleinen Notizbuch festhielt, das er in seiner Hosentasche aufbewahrte. Sein kluger Satz schien ihn sehr zu amüsieren.

Salomons Verhalten war wie ein Stich in meine offene Wunde. Ich ging das abfallende Ufer zum See hinunter. Wie konnte er so unbekümmert und philosophisch über Hirams Tod reden? War es ihm egal, ob Hiram gelitten hatte … und wie *ich* darunter litt, dass Hiram nicht mehr da war? Selbst die Gänseblümchen machten mich wütend, als sie versuchten, mich mit ihrem sonnenscheingelben Lächeln aufzuheitern. Ich riss drei von ihren Stengeln ab und warf sie in den Teich.

Traurig und wütend stampfte ich auf das Schwanenpaar zu und hoffte, sie würden mir ein wenig Sympathie entgegenbringen. Schließlich wussten sie, was wahre Liebe ist.

»Du weißt es auch, Makeda!«, hörte ich schon wieder Mutters Stimme.

Mutter! Die Situation wurde mir langsam unerträglich – hatte ich sie nicht gebeten, sich an diesem Nachmittag mit weiteren Bemerkungen zurückzuhalten?

»Salomon hat recht, Makeda«, sagte Mutter schnell, wahrscheinlich weil sie wusste, dass mir langsam der Geduldsfaden riss. »Er liebt dich zutiefst, mit einem offenen Herzen, ohne irgendwelche Hintergedanken. Er und dein zukünftiges Kind sind dein Schicksal.«

»Aber Mutter, du weißt doch, dass ich nach wie vor Hiram liebe!«, rief ich entrüstet aus. Es war mir egal, was Salomon dachte, und ihre absurde Bemerkung über ein Kind ignorierte ich völlig.

»Sei einfach offen für ihn und verschließe dich nicht, Makeda. Obwohl er äußerst machtvoll ist, ist er gleichzeitig sehr empfindsam. Er tut sein Möglichstes in dem Versuch, dir seine Gefühle auszudrücken«, sagte Mutter leise, bevor sie verschwand.

Jedes Mal, wenn sie erschien und verschwand, veränderte sich der Luftdruck um meinen Kopf und meine Schultern herum, so als würde ich sehr hohe Berggipfel hinauf- oder hinabsteigen. Als ich mir die Stirn rieb, fühlte ich etwas angenehm Warmes im Nacken.

»Ist alles in Ordnung?«, fragte Salomon, während er meine Schultern leicht massierte. Trotz meiner schlechten Laune merkte ich, dass ich mich unter seiner kräftigen, sanften Berührung entspannte. Mein Körper hinterging mich, indem er sich Salomons Massage hingab!

»Hiram war ein erstaunlicher Mann«, sagte er, und beim Klang seines Namens verspannten sich meine Schultern erneut. Als ich mich umdrehte, ließ Salomon seine Hände sinken. Sonnenlicht fiel durch die Zweige der Weide, und die sich bewegenden Schatten hoben sein markantes Gesicht mit den hohen Wangenknochen, der ausgeprägten Nase und den stets wachen Augen noch deutlicher hervor. Ich schluckte und fühlte einen Stich in meinem Herzen – *nein, das darf nicht sein*, sagte ich mir. *Ich kann mir nicht gestatten, irgendetwas für Salomon zu empfinden!* Ich schwor, meine Gefühle in Zukunft zu unterdrücken.

Salomons tanzende Augen suchten die meinen, als er meine Hände nahm und sie an seine Lippen führte. Dann wischte er mir zärtlich mit einem bestickten Taschentuch die Tränen fort. Diese stille und zugleich intensive Geste berührte mich tief. Ich spürte, wie schwer es ihm fiel, sich zurückzuhalten und nicht über die Emotionen zu sprechen, die wir beide fühlten. Während ich leise weinte, hielt Salomon mich fest umschlungen. Außer gelegentlichen Lauten der Beruhigung sagte er nichts und hielt mich dabei auf eine wunderbar tröstende Weise in seinen Armen.

Konnte ich ihm von meinen Gefühlen für Hiram erzählen? War der weise und machtvolle König Salomon fähig, sich meine Trauer anzuhören und seine eigenen Gefühle für mich zumindest vorübergehend zu vergessen?

»Ich werde zuhören«, versicherter er mir. Dankbar schaute ich hoch, bereit, ihm von meiner kurzlebigen, wenn auch sehr tiefen Liebesbeziehung mit Hiram zu erzählen. Doch anstatt in das Gesicht des Königs zu schauen, sah ich mich plötzlich dem Erzengel Michael gegenüber. Ich sah mich um und unterdrückte einen Schrei, als ich merkte, dass er und ich in der Luft schwebten!

Aus unserer luftigen Perspektive sah ich Salomon, wie er mich zärtlich in seinen Armen wiegte. Bunte Blumen und prachtvolle Vögel in allen Farben umgaben uns. Die Süße dieser Szene berührte mein Herz, und ich spürte, wie meine Zuneigung für Salomon wuchs.

»In jedem Moment, überall auf der Welt, gibt es unzählige Beispiele von Liebe«, sagte Michael zu mir. »Du siehst soeben Liebe in Aktion, die machtvollste Demonstration göttlicher Energien. Je öfter du Liebe in Aktion siehst und sie praktizierst, desto mehr wirst du den dynamischen Fluss deines Lebens genießen.

So wie es viele schöne Blumen gibt, gibt es auch unendliche Variationen der Liebe. Das, was du mit Hiram geteilt hast, wird immer hier«, Michael deutete auf meinen Kopf, »und hier weiterleben.« Dabei zeigte er auf mein Herz.

Die Schönheit der Szene unter mir und Michaels zärtliche Worte brachten meine Gefühle zum Überfließen, und ich verlor jegliche Kontrolle. Tränen liefen mir in Strömen über das Gesicht, als ich schrie: »Es ist einfach nicht fair! Warum hast du Hiram nicht beschützt? Warum musste er sterben?«

Michael hielt mich oben in der Luft umfangen, während Salomon mich unten in den Armen hielt.

Als meine Tränen versiegt waren, legte Michael seine rechte Handfläche auf eine Stelle direkt unterhalb meines Halses. Seine große Hand bedeckte meinen Brustbereich. Ich spürte eine steigende Hitze und ein unangenehmes Kribbeln und versuchte mich freizumachen, als Visionen vor meinem inneren Auge erschienen.

Als erstes sah ich meinen Vater auf seinem Totenbett, während ich daneben kniete und ihn weinend anflehte, am Leben zu bleiben. Sein Anblick erschütterte mich. Ich hatte vergessen, wie sehr ich ihn vermisste und dass dieser immer gegenwärtige Schmerz der Einsamkeit in der Nacht begann, als er starb.

»Vater!«, schluchzte ich, während ich versuchte, in meine Vision einzutauchen. Stattdessen sah ich jedoch mich selbst ungefähr drei Jahre früher, als ich verzweifelt nach Wegen suchte, ihn am Leben zu erhalten. Ich hatte es mit Kräutern, Heiltränken, magischen Sprüchen, Gebeten und Anrufungen versucht, aber mein Vater war dennoch gestorben.

»Und auch dein Glaube ist an diesem Tag gestorben«, sagte Michael und berührte mit der Hand mein Herz.

Er hatte recht. An die Stelle meines kindlichen Glaubens waren Zynismus und Misstrauen getreten, und ich absolvierte meine täglichen Gebete nur noch aus Gewohnheit und Pflichtgefühl.

»Dein Misstrauen hat sich auch in deine Beziehungen geschlichen«, fügte Michael hinzu.

»Wie bitte?«

»Deine Angst, verletzt zu werden, hat dich veranlasst, Beziehungen aus dem Weg zu gehen«, sagte er ohne Umschweife.

Jetzt packte mich der Zorn. »Das ist nicht wahr! Ich hatte eine wunderbare Beziehung mit Hiram!«

»Tatsächlich?«, fragte Michael. »Mir scheint, dass ihr beide zwar Zeit miteinander verbracht, euch aber nicht wirklich miteinander verbunden habt. Zunächst einmal gab es da das Hindernis der Sprache. Und dann war es eine verbotene Beziehung, daher war eure kurze gemeinsame Zeit von Schuldgefühlen überschattet.«

»Ich habe ihn geliebt!«, widersprach ich zornig.

»Du hast die Idee von Liebe ohne Verpflichtung geliebt, ohne wirkliche Hingabe und ohne jegliche emotionale Intimität.«

»Warum bist du so gemein zu mir?«, schluchzte ich.

»Ich sage die Wahrheit«, antwortete Michael. »Viele mögen meine Direktheit nicht, doch habe ich immer Lösungen für die zur Verfügung, die dazu bereit sind.«

»Lösungen?«

»Ja. Du und Hiram habt euch so geliebt, wie es eure Fähigkeit zur Liebe zuließ. Die Anziehung, die ihr füreinander empfunden habt, war umgehend und andauernd, weil eure Herzen auf die gleichen Frequenzen eingestimmt waren, basierend auf ähnlichem Hintergrund und Erfahrungen. Denn siehst du, Hiram trauerte ebenfalls über den Verlust seiner Familie, und genau wie du hat er sein Herz vor weiterem Schmerz geschützt, indem er seine Gefühle betäubte.«

»Willst du damit sagen, dass wir uns zueinander hingezogen fühlten, weil wir uns sicher fühlten? Weil wir wussten, dass wir einander nicht verletzen würden? Was ist daran verkehrt?« Ich fühlte mich angespannt, nicht sicher, was Michaels Motive waren oder worauf er hinauswollte.

»Eure gegenseitige Anziehung beruhte auf der gleichen Erfahrung von Verletzung und Schmerz«, sagte Michael mit sanfter Stimme, während ich plötzlich völlig verwirrt war. »Es ist möglich, dass zwei emotional verwundete Menschen einander heilen können. Es gibt jedoch noch eine alternative Lösung.«

Da war das Wort schon wieder: *Lösung.* »Gut, ich höre«, sagte ich und wappnete mich innerlich für das, was Michael mir sagen würde.

»Jeder Mensch kann bei der Heilung emotionaler Wunden das Göttliche um Hilfe anrufen und bitten, das Herz in seinen ursprünglich reinen, unbelasteten Zustand zurückzuversetzen. Ein geheiltes Herz ist ein offener Fluss, durch den ein Maximum emotionaler Energie fließt, ungefiltert und ungehindert. Ein geheiltes Herz erfährt die höchsten Höhen der Freude, Ekstase und Liebe. Und was am wichtigsten ist, es heißt die Liebe willkommen.«

»Sehr poetisch, doch völlig unpraktisch«, verkündete ich mit trotzig über der Brust verschränkten Armen. »Das Herz jedes Menschen ist auf irgendeine Weise verwundet! Wir reden hier über das Leben auf der Erde, nicht im Himmel!« Wer sagte *jetzt* die Wahrheit? Ich war stolz auf meine Selbstsicherheit.

Michael schien davon unbeirrt zu sein. Kräftige purpurfarbene Lichter entströmten seinen Handflächen, als er im Abstand von wenigen Zentimetern mit seinen Händen in kreisförmigen Bewegungen an meinem Körper entlangfuhr, bis meine Beine und Arme wie helle Sterne an einem klaren Nachthimmel leuchteten. Michael fuhr fort, mich in purpurfarbenes Licht einzuhüllen, was sich so angenehm anfühlte, dass mir nicht der Gedanke kam, ihn zu stoppen.

Dann streckte er seine Hand aus wie ein Künstler, der eine Wand von purpurnem Licht malt, die vor uns schwebte. Ein bläulicher Schimmer glühte in ihrer Mitte, der sich zu bewegen begann und die Gestalt eines Mannes annahm.

»Vater!«, schrie ich auf, als ich ein bewegliches Bild von Vater, Mutter und mir in früheren und glücklicheren Zeiten vor mir sah. Sein Anblick ließ mir den Atem stocken. Ich versuchte mich hinzusetzen, bis ich merkte, dass ich weder den Boden noch die Bänke unter mir erreichen konnte. Ich war gewichtslos und außerdem hilflos, als ich einen nicht enden wollenden Film meiner Kindheit vor mir ablaufen sah. Bereits nach wenigen Minuten war ich völlig in Tränen aufgelöst.

Michael hielt mich und flüsterte zärtliche Wortes des Trostes und der Ermutigung. »Ja, so ist es richtig … erlaube deinem Herzen, sich zu öffnen und zu heilen … Du darfst ohne Angst all die Farben, Tiefe und Emotionen der Liebe fühlen … lasse sie alle zu und fühle sie …« Ich gab den letzten Rest Kontrolle über meine Gefühle auf, als ich sah, wie Vater mich zu meinem fünften Geburtstag mit einer Puppe überraschte. Wie ich diese Puppe liebte! Wie ich meinen Vater liebte!

»Ich vermisse ihn!«, schluchzte ich, während Michael mich hielt. »Warum besucht Mutter mich, aber nie mein Vater?«

»Weil du ihm nicht verziehen hat, dass er gegangen ist«, sagte Michael nach einer langen Pause.

»Du meinst, dass er böse auf mich ist? Und mir deswegen aus dem Weg geht?« Der Gedanke war so unerträglich, dass ich wieder weinen musste.

Michael hielt mich fest in seinen Armen. »Dein Vater liebt dich, und er ist nicht im Geringsten böse auf dich. Im Gegenteil, er wacht über dich und ist stolz auf dich. Nicht er ist es, der *dir* aus dem Weg geht – sondern es ist genau umgekehrt.«

»Was meinst du damit?«, rief ich. »Ich würde alles geben, um Vater noch einmal zu sehen!« Ich versuchte mich aus seinen Armen zu befreien und wieder zu Salomon zu eilen, doch irgendwie kam ich nicht vom Fleck.

»Ich weiß, dass du wütend bist«, sagte Michael ruhig. »Doch es gibt eine Lösung. Es gibt *immer* eine Lösung. Deine Wut über den Tod deines Vaters hat dich veranlasst, jegliche Gedanken an ihn zu verdrängen. Du hast die Gefühle der Trauer in dir verschlossen, um mit deinem Verlust fertigzuwerden. Doch sind diese Gefühle völlig normal, und ich kann dir helfen, sie zu verarbeiten.

Jeder Mensch fühlt die gleichen Emotionen, wenn jemand, den er liebt, stirbt. Jeder empfindet Zorn gegenüber dem Verstorbenen, gegenüber dem Universum, das den Tod zugelassen hat, und sich selbst gegenüber dafür, den Verlust nicht verhindert zu haben. Emotionen in sich zu verschließen führt dazu, dass sich das Herz der Liebe in all ihren vielen Formen verschließt.«

Tief in meiner Seele wusste ich, dass Michael die Wahrheit sprach, und als ich aufschaute, sah ich Mutter neben mir stehen und zur Bestätigung mit dem Kopf nicken. »Er hat recht, Makeda«, sagte sie zärtlich. Ja, ich musste zugeben, er hatte *tatsächlich* recht. Die Wahrheit war, dass *ich* meine Gefühle nach dem Tod meines Vaters verdrängt und weggedrückt hatte. Es war alles einfach zuviel gewesen, sein Tod und meine bevorstehende Krönung zur Königin und all die zukünftigen Pflichten, die mein hohes Amt mit sich brachten. Ich hatte nicht die Zeit gehabt, mich meinen Gefühlen hinzugeben, sondern ich musste stark sein.

»Es gibt dir Kraft, dich deinen Gefühlen zu stellen«, sagte Michael. »Bist du bereit?«

Ich fühlte Beklommenheit, so als würde ein Arzt den Schmerz herunterspielen, den seine Behandlung verursachen würde. Doch ich wollte mich wirklich wieder mit meinem Vater vereinigen. Allein aus diesem Grund war ich damit einverstanden, Michaels Lösung zu erfahren.

»Was muss ich tun?«, fragte ich.

»Sei einfach nur bereit, deinem Vater zu vergeben«, erwiderte Michael. »Deine Bereitschaft ist der magische Schlüssel, der dem göttlichen Licht erlaubt, die Bereiche in deinem Herzen zu illuminieren, die zuvor von der Unfähigkeit zu vergeben verdunkelt waren. Atme nur einfach ruhig ein und sei willens, jenes Nichtvergebenkönnen im Austausch für alles loszulassen, was du dir wünschst.«

Ich nickte und nahm einen tiefen Atemzug, während Michael seine Hände über mir schwenkte und mich mit purpurnem Licht umgab. Er flüsterte: »Stell dir vor, dass dein Vater direkt vor dir steht. Halte ein Bild von ihm vor deinem inneren Auge fest. Und jetzt nimm dir vor, den Schein des göttlichen Lichtes im Inneren deines Vaters zu sehen, vielleicht als weißliches Strahlen im Bereich seines Solarplexus'.«

Zuerst konnte ich nichts sehen. Ich spürte meinen Vater, doch war ich mir nicht sicher, ob ich mir das nur einbildete. Aufgrund Michaels ständiger Versicherung, dass alles gut sei, entspannte ich mich und gab den Versuch auf, etwas passieren zu lassen; stattdessen erlaubte ich der Vision, sich mir zu enthüllen. Ich atmete einfach nur ruhig ein und aus, und bald konnte ich tatsächlich ein Bild von ihm vor meinem inneren Auge sehen. Dann bewegte sich das Bild, und ich sah Szenen aus meiner Kindheit.

Michael leitete mich an, meinen Fokus auf den Magenbereich meines Vaters zu lenken und mir vorzustellen, ich könnte ein schimmerndes Licht in seinem Körper sehen. Zunächst rief ich ein mentales Bild hervor, doch dann veränderte sich alles, und das Bild wurde lebendig und hatte seinen eigenen Willen!

»Ich sehe es! Ich sehe es!« Aufgeregt griff ich nach Michaels Arm. »Ich sehe diese strahlende Wolke aus Licht in meinem Vater. Es leuchtet in seinem Herzen und in seiner Brustgegend!«

»Perfekt«, sagte Michael. »Und jetzt bitte dieses Licht zu wachsen, bis es den Körper deines Vaters vollständig ausfüllt.«

Die Anweisung erschien seltsam, doch ich vertraute Michael, also atmete ich tief ein und richtete meine ganze

Willenskraft darauf, das innere Licht meines Vaters zu vergrößern. Bald war sein ganzer Körper von einem pulsierenden Licht erfüllt. Es wurde immer stärker, bis ich vor lauter Helligkeit meinen Vater nicht mehr sehen konnte.

»Geh in das Licht hinein zu ihm«, wies Michael mich an.

Obwohl ich keine Ahnung hatte, wie ich das bewerkstelligen sollte, war ich bereit, es zu versuchen. Ich stellte mir vor, wie ich einen Schritt nach vorne in dieses strahlende Licht trete. Und tatsächlich, es funktionierte! Ich verschwand in diesem Lichtball, schien mich in ihm aufzulösen, bis weder Vater noch ich mehr sichtbar waren – es gab nur noch Licht.

Mein Körper zitterte und wurde von einem Schütteln erfasst, während Michael sagte: »Sei bereit, jegliche Urteile fallenzulassen; alle Gefühle von Betrug, Angst, Schuld und Scham; oder sonstige toxische Formen des Nichtvergebenkönnens.«

Wellen von Energie durchströmten meinen Körper und traten wieder aus, als Michael mich aufforderte, weiterhin tief zu atmen. »Sei bereit, jegliche alte Wut gegenüber anderen, auch gegenüber dir selbst, loszulassen«, sagte er. »Lass es los ... lass es los ...«

Erinnerungen an alte Schmerzen überfluteten mich. Lange vergessene Situationen, bei denen meine Gefühle verletzt wurden, stiegen mir ins Bewusstsein und wurden von Wellen der Liebe weggetragen. Ich sah Hiram und fühlte, wie mein Zorn auf seine Mörder dahinschwand.

»Du musst die Handlungen einer Person nicht entschuldigen«, erklärte Michael, »sondern nur der Person verzeihen, denn wenn du ihr weiterhin grollst, entstehen Barrieren zwischen dir und der Liebe. Geh weiter, bleib nicht stehen! Es ist wunderbar zu sehen, wie du die Giftstoffe aus deinem Körper und deinem Herzen loslässt.«

Ich schloss meine Augen und genoss das köstliche Gefühl in meinem Körper, der sich jetzt ganz leicht und kribbelig anfühlte. Wärme breitete sich in meiner Brust aus, und ich fühlte mich so glücklich, wie ich es wohl seit meiner frühen Kindheit nicht mehr gewesen war.

Als ich meine Augen öffnete, saß ich wieder auf dem Rasen neben Salomon. Er lehnte sich zu mir herüber, und zu meiner Überraschung erlaubte ich ihm, mein Gesicht zu berühren. Liebevoll wischte er eine Träne von meiner Wange und zeigte sie mir. »Warum weinst du?«, fragte er mit einer solchen Zärtlichkeit, dass ich noch mehr weinen musste.

Er hielt mich in den Armen, und ich verlor jegliche Kontrolle und schluchzte hilflos an seiner starken Schulter. Ich fühlte, wie er atmete, und der seltsame Gedanke: *Er ist tatsächlich ein richtiger Mensch!* durchzuckte mich. Ich merkte, dass ich bis zu diesem Augenblick Salomon in einem bestimmten Licht gesehen hatte, um mich von ihm zu distanzieren und zu verhindern, dass ich ihn näher kennenlernte.

Die Intensität meiner Gefühle überraschte mich, doch ich wusste, dass Erzengel Michael mir geholfen hatte, tiefe Gefühle in meinem Herzen zu erwecken. Ich war mir nicht sicher, dass ich diese Gefühle wirklich wollte, wenn ich auch spürte, dass dieser Prozess gut für mich war. Das musste es sein, was Mutter gemeint hatte, als sie sagte, ich solle »mein Herz öffnen«.

Ich rieb mir die Tränen aus den Augen und fürchtete, dass mein Kohl-Lidstrich sich aufgelöst hatte und in Streifen über meine Wangen gelaufen war. Salomon reichte mir sein Taschentuch, und ich wischte mein Gesicht ab.

»Du siehst wunderschön aus, Makeda«, sagte er lächelnd. Er schaute mich weiterhin an, ohne etwas zu sagen, mit der unausgesprochenen Frage nach dem Grund meiner Tränen.

»Ich habe gerade an meinen Vater gedacht«, sagte ich

leise, beinahe unhörbar. Ich war mir nicht sicher, wie viel ich Salomon wissen lassen wollte. Schließlich hatte ich außer Sarahil noch nie jemandem etwas über meine Gefühle, die meinen Vater betrafen, gesagt, und nicht einmal sie wusste alles. Genau genommen war ich mir selbst meiner Gefühle nicht richtig bewusst!

»Auch ich habe meinen Vater geliebt«, sagte Salomon mit einem Seufzer. War das etwa eine Träne, die da in *seinen* Augen glänzte? Ich berührte sein Gesicht, um sie wegzuwischen, und schaute dabei in seine Augen. Ein Schwindelgefühl überkam mich – dann versank ich in ihnen und verlor jegliches Bewusstsein über mich selbst und darüber, wo ich war.

Salomons Stimme rüttelte mich auf und holte mich in die Gegenwart zurück: »Mein Vater war schon seit langem krank gewesen, daher wusste ich, dass sein Tod unausweichlich war. Dennoch war ich nicht auf den Schock vorbereitet, einen Elternteil zu verlieren; die furchtbare Stille, nachdem er gegangen war; die Leere, wo vorher seine Stimme und Energie die Räume des Palastes durchdrungen hatte; sein weiser Rat und seine Neckereien, und sogar die Dinge, die mich früher an ihm gestört hatten. Ich vermisse ihn noch immer …«

»Ich auch«, sagte ich sinnend. »Ich meine – meinen Vater, nicht Euren! Nicht das irgendetwas mit Eurem Vater nicht stimmt und ich ihn deshalb nicht vermisse …«

Oje, mit meinen unbeholfenen Worten machte ich alles nur noch komplizierter, also sagte ich nichts mehr.

»Ich weiß, was du meinst«, sagte der König tröstend. »Wann ist dein Vater gestorben?«

Seine Worte verschreckten mich. Ich blieb still. Wollte ich wirklich darüber sprechen? »Vor etwas mehr als zwei Jahren«, erwiderte ich schließlich.

»Dann ist es also noch nicht so lange her,« sagte Salomon. »Mein Vater starb bereits vor mehreren Jahren. Am Anfang war es hart. Mein Bruder und einige andere waren wirklich wütend und eifersüchtig darüber, dass ich sein Nachfolger wurde. Meine Mutter war außer sich vor Trauer, obwohl sie mich weiterhin auf ihre unvergleichlich liebevolle Art unterstützte. Es war für mich nicht leicht, sein Erbe anzutreten, denn *jeder* hatte meinen Vater geliebt!«

»Ja, auch mein Vater wurde tief geliebt.« Ich seufzte, und meine Augen füllten sich erneut mit Tränen. »Am schlimmsten ist es, wenn ich ihm gerne aufregende Neuigkeiten erzählen oder ihn um Rat fragen will. In solchen Momenten fällt mir schmerzhaft ein, dass er nicht mehr hier ist.«

Salomon legte mir den Arm um die Schultern, und wir weinten gemeinsam um unsere Väter. Mein Herz war von Dankbarkeit über die verständnisvolle Freundschaft des Königs erfüllt. Als ich ihn sanft auf die Wange küsste, weinte er noch mehr. Zärtlich wischte ich seine Tränen fort. Salomon hielt meine Hände an seine Lippen und schaute mir tief in die Augen.

»Es gibt drei Dinge, die zu wunderbar sind, als dass ich sie verstehen könnte«, sagte er. »Nein, es sind sogar vier! Das Erste ist die Frage, wie ein Adler so majestätisch durch die Lüfte gleiten kann.« Er küsste meine Hände und fuhr fort: »Zweitens, wie eine Schlange es fertigbringt, auf einen Stein zu kriechen. Und drittens, wie ein Schiff seinen Weg über das stürmische Meer finden kann.« Salomon seufzte tief, wischte sich die restlichen Tränen aus den Augen und sagte: »Und viertens das Wachsen der Liebe zwischen einem Mann und einer Frau.«

Ich schwieg nach seinen Worten.

»Ich bin in dich verliebt«, gestand er, und der Blick seiner dunklen Augen unterstrich diesen Satz. »Ich werde alles in meiner Macht Stehende tun, um dich glücklich zu machen.«

Ich hörte seine Worte, verspürte jedoch nicht das Bedürfnis, etwas zu sagen. Stattdessen lehnte ich mich näher an Salomon, während er meine Schultern umfangen hielt. Der Abendhimmel erglühte in sanften Nuancen von Rosa und Orange: es war Zeit, in den Palast zurückzukehren.

Salomon fuhr seinen Streitwagen langsam, während er mich mit einem Arm eng an sich schmiegte. Ich fühlte mich sicher und sehr geliebt, doch immer noch zerbrechlich aufgrund der Gefühle und Bilder, die ich erlebt hatte. In dieser Nacht schlief ich besser und tiefer, als es mir seit Jahren vergönnt gewesen war.

17. *Kapitel*

Erschrocken wachte ich auf und wusste nicht, ob es ein Traum gewesen war oder ob ich Vater und Hiram wirklich gesehen hatte. Ich setzte mich im Bett auf, nahm einen Schluck Wasser und rief mir die Erinnerungen an den wilden Traum ins Gedächtnis zurück.

Zuerst war mir Vater erschienen; er hatte jung, glücklich und gesund ausgesehen. Er sagte mir, wie sehr er mich liebte und dass es ihm leid tat, mir Schmerzen verursacht zu haben.

»Meine Zeit, zu gehen, war gekommen«, erklärte er, wenn ich auch nicht wirklich verstand, was das bedeutete. Vater zeigte mit, wo er »lebte«: in einem wunderschönen seidenen Zelt in der Nähe eines Flusses, umgeben von einem grünen Tal voller Blumen. Er sagte mir, dass er über mich wachte und immer in Hörweite war, sollte ich seine Hilfe oder Gesellschaft brauchen. »Du wirst mich nie stören, wenn du nach mir rufst«, sagte er.

Dann erschien Hiram, und ich drückte ihn an mich wie einen alten Freund oder Bruder. Sowohl er als auch Vater ließen mich wissen, dass meine Lebensaufgabe wichtig war und ich sie erfüllen musste.

Sie erklärten, dass Salomon mich aufrichtig liebte und es wichtig für mich war, offen für seine Zuneigung zu sein. Weiter sagten sie, dass ich bald nach Sheba zurückkehren und dass mein Besuch in Jerusalem mich und mein Reich für immer positiv verändern würde – und dass ich andere Frauen mit meiner weiblichen Kraft inspirieren würde.

Ich wusste nicht, ob es Nacht war oder ob bereits der Morgen dämmerte, doch mir war klar, dass ich nicht länger im Bett bleiben konnte. Ich zog mir einen Morgenmantel über mein Nachthemd, schlüpfte in ein Paar Sandalen und ging nach draußen. Alles war dunkel. Die Wache war eingeschlafen und saß vornübergesunken vor dem Tor zum Garten; und selbst die Esel, Pferde und Kamele in der Nähe der Ställe waren ruhig.

Ich ging den Weg entlang auf die Sträucher im Wüstensand zu, die im Mondlicht schimmerten und an denen ich mir die Zehen anstieß. Ich schrie vor Schmerz auf und setzte mich auf einen glatten Stein, um die schmerzende Stelle zu reiben. Mein Blick glitt nach oben zu den Sternen, die am nächtlichen Himmel blitzten. Ein besonders heller Stern leuchtete in vielen Farben, wie ein strahlendes Juwel.

»Das ist Sirius«, hörte ich eine Stimme. Erschrocken blickte ich auf und sah Salomon, der plötzlich vor mir stand. »Auch ich konnte nicht schlafen«, erklärte er und ließ sich neben mir auf dem Felsen nieder. Ich zitterte in der Kühle des frühen Morgens, und Salomon legte mir den Arm um die Schulter. Ich war dankbar für seine Körperwärme und schmiegte mich enger an ihn. Mein Zeh schmerzte sehr, und ein Gefühl der Nässe sagte mir, dass er blutete. Doch ich wollte die Aufmerksamkeit nicht auf meine Djinn-Füße lenken, also sagte ich nichts.

Ich fühlte mich unendlich wohl in Salomons Armen, so als würde ich ihn schon ewig kennen. Dieses Gefühl war anders als die feurige Anziehungskraft, die ich mit Hiram erlebt hatte. Salomons Arme waren ein solides Fundament, auf dem ich Wurzeln schlagen und eine Weile bleiben konnte. Und ich liebte es, dass er meine Sprache sprach und wir somit tatsächlich verbal kommunizieren konnten!

Dennoch trauerte mein Herz noch immer um Hiram, und ich glaubte nicht, dass ich so schnell eine andere Liebesbeziehung eingehen konnte.

»Wir werden uns Zeit lassen«, flüsterte Salomon mir ins Ohr. Konnte er meine Gedanken lesen? Ich warf einen Blick über seine Schulter, um zu sehen, ob der Erzengel oder vielleicht meine Mutter ihm Informationen eingaben. Doch ausnahmsweise hatte es den Anschein, als ob Salomon und ich wirklich alleine waren.

Ich fühlte, wie ich wieder müde wurde und gähnte, während ich meinen Kopf auf Salomons Schulter bettete, dieselbe Schulter, an der ich letzte Nacht geweint hatte. Salomons gleichmäßiger Herzschlag verlangsamte meinen Atem, und ich fühlte, wie ich ruhig wurde. Als der Morgen mit dem Gesang der Vögel und im verglimmenden Schein der Sterne dämmerte, schlummerte ich endlich ein.

Ich weiß nicht, wie lange ich geschlafen hatte, doch erinnere ich mich an den Klang von Musik, der mich aufweckte. Die herrlichen Töne, wie ein Chor vieler Stimmen, kombiniert mit exotischen Musikinstrumenten, lockten mich aus meinem Schlummer. Ich öffnete die Augen in der Erwartung, ein Orchester oder ein paar Musiker zu sehen, doch war außer Salomon und mir niemand zugegen.

»Gibt es in der Nähe Vögel?«, fragte ich, wobei ich mich umsah.

Salomon küsste meine Stirn und sagte: »Nein, meine Geliebte. Wir beide sind ganz alleine. Warum fragst du?«

Ich rieb mir die Augen und erklärte, dass ich beim Aufwachen die wundervollste Musik gehört hatte.

»Die Musik der Sphären«, murmelte Salomon.

»Ich habe diesen Ausdruck schon einmal gehört«, erwiderte ich und reckte die Arme, um meine Schläfrigkeit abzuschütteln, »doch weiß ich nicht mehr wo.«

»Von mir!«, verkündete eine Stimme zu meiner Linken. Ich wandte mich um und sah Erzengel Metatron, der eine strahlend bunte geometrische Form zwischen seinen Händen drehte. Von ihr ging ein summender und wirbelnder Ton aus, ähnlich der Musik, die ich soeben gehört hatte.

»Metatron!«, riefen Salomon und ich gleichzeitig.

Der riesige Erzengel schaute mich an und sagte: »Alle physische Materie besteht aus Frequenzen und Vibrationen, die Töne kreieren, und du – genau wie viele andere Menschen – bist offener dafür, diese Töne zu hören, wenn dein Bewusstsein entspannt ist. Daher ist die Musik der Sphären besonders während der Meditation und beim Erwachen aus tiefem Schlaf hörbar. Du hast die Melodie der Schöpfung gehört, die sich in ewiger Bewegung befindet.«

Salomon lächelte, erhob sich und streckte mir seine Hand entgegen. »Würdest du gerne eine Demonstration dessen sehen, worüber Metatron gerade gesprochen hat?«

Ich spürte, wie sich der Luftdruck um meinen Kopf herum veränderte und die vertrauten Düfte von Mutter und Hiram die Luft durchzogen. Ich schaute auf und sah den letzten Schimmer des Mondes, wie er vom Tageslicht verschluckt wurde. Dann standen wir vor dem Tempel, von einer Sekunde zur anderen ohne jegliche Zeremonie oder Anrufung dorthin transportiert.

»Gedanken ziehen umgehende Resultate nach sich.« Metatron blinzelte mir zu als Antwort auf meine unausgesprochene Frage, wie wir so schnell zu dem Tempel gekommen waren. »Denn siehst du, alle Worte – egal ob ausgesprochen, geschrieben, gesungen oder gedacht – schaffen einen Widerhall, vergleichbar mit den Wellen des Meeres. Erlaube mir, dies zu demonstrieren.«

Metatron nahm eine große Trommel vom Boden auf und besprenkelte ihre Oberfläche mit ein wenig feinem Wüstensand. Als Nächstes schüttete er eine dicke, silbern-metallische Flüssigkeit auf die Oberfläche einer zweiten Trommel. Er und Salomon chanteten mit lauter Stimme ein Wort, das sich wie *Yawd* anhörte. Als ihre tiefen Baritonstimmen verschmolzen, vibrierten der Sand und die silberne Flüssigkeit und bildeten einen großen Kreis auf jeder der Trommeln.

Dann sangen sie andere schöne, wenn auch unvertraute Worte: *Yawd Hay Vawd Hay*. Während ihre Stimmen jeden Vokal betonten, dehnten sich der Sand und die silbrige Flüssigkeit in wunderschöne symmetrische Muster aus.

Erstaunlicherweise schien die schimmernde Flüssigkeit der Schwerkraft zu trotzen und tropfte nicht über die Seiten der flachen Oberfläche, solange das Chanten andauerte.

Das Muster der geometrischen Formen auf den Trommeln,

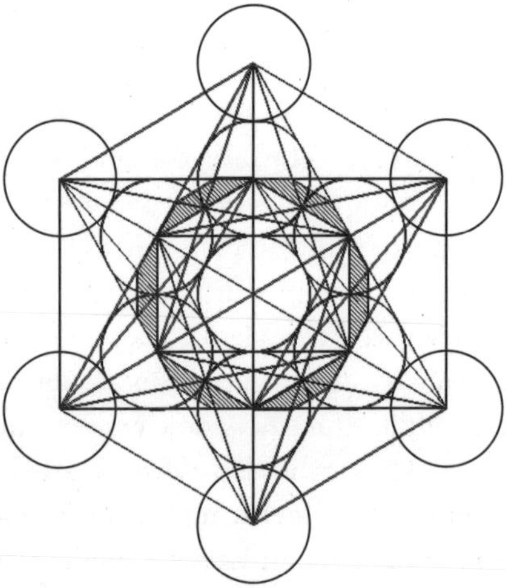

mit ihrem Sternenmuster in der Mitte, hatte etwas Vertrautes. Dann erkannte ich, dass sie dieselbe Form hatten wie die in Metatrons Händen.

»Wie ich dir bereits gesagt habe, besteht alles in dieser Welt aus einer von fünf geometrischen Formen, die sämtlich aus vibrierenden Mustern gemacht sind.« Der Würfel, den Metatron in der Hand hielt, löste sich in fünf Formen auf:

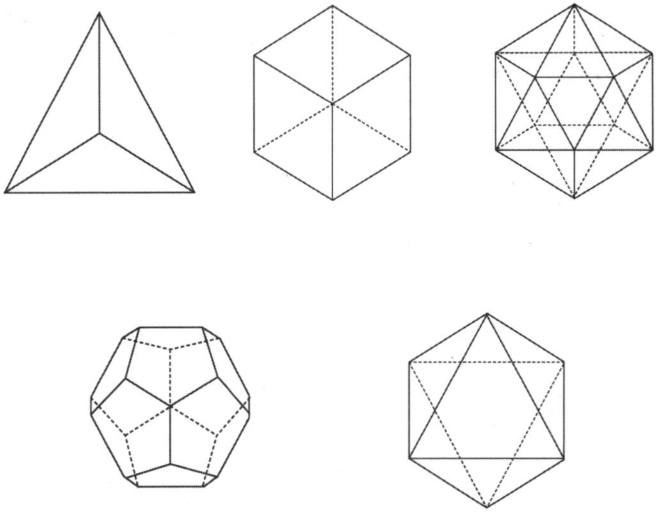

Dann nahmen die Formen ihre ursprüngliche Gestalt wieder an und schwebten zwischen Metatrons ausgetreckten Händen. »Diese Formen vibrieren genauso wie Worte. Das ist der Grund, warum wir die allumfassenden Welten das *Universum* nennen, was so viel heißt wie ›ein Wort‹. Diese Form, die du zwischen meinen Händen siehst und die sich auf der Oberfläche der Trommeln befindet, ist die Kulmination aller fünf geometrischen Formen. Sie ist eine visuelle Darstellung der Schöpfung und des Universums. Lass mich dir diesen Prozess in Aktion zeigen.« Metatron nahm meine Hand und umfing Salomon und mich mit seinen Flügeln. Als er sie entfaltete, befanden wir uns an einem anderen Ort. »Dies ist eine äußere Wand des Tempels, die kurz vor der Vollendung steht.«

Verwundert und ergriffen beobachtete ich eine Gruppe von Männern, die in einem Halbkreis saßen und ihren musikalischen Instrumenten die köstlichsten Harmonien entlockten, die ich je gehört hatte, begleitet von den herrlichen Stimmen begnadeter Sänger. Erstaunt sah ich, wie sich die vor ihnen liegenden mannsgroßen Steine in die Luft erhoben, so wie meine Halskette es getan hatte (und jetzt wieder tat!). Arbeiter dirigierten die schwebenden Steine an die für sie vorgesehenen Stellen an der Wand.

»Unser religiöses Protokoll schreibt vor, dass Tempel und andere geweihte Gebäude nicht mit Hilfe von metallenen Werkzeugen errichtet werden dürfen, da auch Waffen aus Metall hergestellt sind. Alles, was zur Tötung eines Menschen benutzt werden kann, darf beim Bau von Adonais Tempel nicht verwendet werden.«

»Also wurde der ganze Tempel mit Hilfe von Musik errichtet?« So etwas hatte ich noch nie gehört. »Tamrin hat mir gesagt, dass ihr bei der Konstruktion mit Dämonen zusammengearbeitet habt!«

Salomon lachte laut und rieb sich die Augen. »Willst du damit sagen, dass dieses alte Gerücht noch immer im Umlauf ist?« Dann erklärte er mir geduldig, warum die beiden hebräischen Wörter für *Dämon* und *Musiker* so oft verwechselt wurden. »Warum würde ich Dämonen einstellen – die *Shaytan* – um Adonais Haus zu bauen? Das Wort, an das Tamrin dachte, war *shiddah* oder *shiddot*, hebräisch für ›Singer‹ oder ›Musiker‹.«

Ich musste unbedingt mit Tamrin reden, damit er sein Hebräisch aufpolierte.

Metatron nahm das Gespräch wieder auf: »Viele heilige Gebäude überall auf der Welt wurden auf diese Art errichtet, wie zum Beispiel die großen Pyramiden in Ägypten und die Steinkreise in Europa. Der Quarzkristall im Granitgestein passt seine Vibrationen bereitwillig Tönen und Musik an, was bedeutet, dass der Stein – egal wie groß oder schwer er ist – problemlos transportiert und beim Bau von Gebäuden jeder Art verwendet werden kann.

Wenn der heilige Name des Schöpfers – *Yod He Vod He* – gechantet wird, gleicht sich alles in der Schöpfung in einem Prozess einander an, der ›Neuausrichtung‹ genannt wird, wie du es in den tanzenden Mustern auf der Trommel gesehen hast. Der Ton *Ah* in den hebräischen Worten *Yod* und *Vod* reflektiert den ursprünglichen Ton der Schöpfung. Wie ich dir schon an anderer Stelle gesagt habe, findet sich der Laut *Ah* in allen Namen wieder, die die verschiedenen Religionen ihrem Schöpfer gegeben haben, wie zum Beispiel Adonai, Nada Brahma, Ra, Baal und so weiter.

Wenn der heilige Ton *Ah* gechantet und von der harmonischen fünften Musikoktave begleitet wird, können Wellen von Energie – vergleichbar den mächtigen Wellen des Meeres – Objekte jeder Art und Größe bewegen. Diese Bewegung wird durch den Raum zwischen den zwölf Fünfteln jeder Oktave ermöglicht, der sie auseinanderhält wie eine gedrehte Nautilusmuschel, die sich spiralförmig um sich selbst windet, wobei die einzelnen Linien sich nie berühren. Je höher der Ton, desto stärker wird die Vibration, vergleichbar einer Sopranstimme, die auf ihrem höchsten Ton ein Kristallglas zum Splittern bringt.

In meinem Leben als sterblicher Mensch, das ich unter dem Namen Enoch in einem Land der Antike namens Atlantis geführt habe, wandte ich diese Methode zum Bau von Tempeln an. Wir wussten dort so viel über die Wissenschaft der Schwingung und Resonanz, dass allein bei der Erwähnung eines Wortes wie zum Beispiel *Feuer* sofort aus dem Nichts eine Flamme zu brennen begann. Als der Missbrauch dieser Methode zu der Zerstörung von Atlantis führte, versank zusammen mit dem Land ein Großteil des Wissens in den Tiefen des Meeres.

Glücklicherweise wurde ich rechtzeitig intuitiv über die kommende Flut gewarnt, und ich meißelte die Information in Steinsäulen, von denen ich wusste, dass sie die Flut überstehen konnten. Ich brachte jene Säulen hierher zu diesem Berg von Moriah und vergrub sie. Heute stehen sie vor dem Eingang des Tempels als Mahnung, dass unser Wissen immer zu Ehren Adonais und nie für persönlichen Gewinn angewandt werden darf.

Am Ende meines Lebens als Sterblicher war ich in der Lage, meinen Lehrauftrag weiter auszuführen, indem ich einen höher-dimensionalen Körper annahm, bekannt als der Erzengel, der heute vor dir steht.«

Dann begannen Metatron und Salomon, erneut die gleichen Worte zu chanten: *Yawd Hay Vawd Hay*. Das Orchester begleitete ihr Singen in perfekter Harmonie, indem es verschiedene Oktaven der gleichen Note spielte. Ich sah nach unten und stellte fest, dass mein Zeh vollständig geheilt war. Sogar das getrocknete Blut war verschwunden! Mein Körper summte mit der Schwingung der Musik, und meine Füße schienen leicht genug zu sein, dass ich mich hätte in die Luft erheben können. Mein Kopf wurde leer, kein Gedanke trübte meinen Geist, und das Einzige, was ich mit meinen physischen und geistigen Augen sehen konnte, war weißes Licht.

Als ich aufwachte, merkte ich, dass ich in meinem Bett lag. War die musikalische Levitation ein Traum gewesen? Oder handelte es sich dabei um die Information, die so wertvoll und geheim gewesen war, dass sie zu Hirams Tod geführt hatte? Mein Kopf summte vor unbeantworteten Fragen, daher beschloss ich, einen Spaziergang in der kühlen Nachtluft zu machen.

18. Kapitel

Als ich den steinigen Weg hinaufging, der auf den in der Nähe liegenden Hügel führte, stellte ich das Fundament meines spirituellen Lebens in Frage. In letzter Zeit hatten sich meine Sonnenanbetungszeremonien irgendwie leer angefühlt, so als würde ich automatisch nur die erforderlichen Schritte durchführen, jedoch nicht mit dem Herzen bei der Sache sein. Salomons Erzählungen und die Demonstrationen von Metatron hatten dazu geführt, dass ich meine grundlegenden Glaubenssätze über die Vormachtstellung der Sonne als höchstes Wesen anzweifelte.

Ich wusste, dass es ohne das Licht der Sonne kein Leben geben konnte, doch was mich verwirrte, war die Frage: *Hat die Sonne tatsächlich das Leben erschaffen, oder hat sie es nur genährt, nachdem es bereits existierte?*

Ich war froh, dass der Schein des Mondes mich auf meinem Weg begleitete und meine Schritte mit seinem lieblichen, bläulichweißen Licht illuminierte. Ich setzte mich auf einen glatten, großen Stein und schaute hinauf zu seiner sichelartigen Form. »Geliebte Mondgöttin Ta'lab, bitte hilf mir, das Konzept von Schöpfung und Schöpfer zu verstehen!«

Ein Strahl blauweißen Lichts umgab mich und leuchtete so hell, dass ich nichts anderes mehr sehen konnte. Ich fühlte, wie der Fels, auf dem ich saß, und mein Körper zitterten, als würde die Erde beben. Eine Stimme ertönte sowohl aus meinem Kopf als auch aus dem Tunnel des blauweißen Lichts, das mich umgab, und sagte: »Alles ist Vibration. Du bist Vibration. Die Luft, die du atmest, ist Vibration. Dieses Licht ist Vibration.

Die ersten Vibrationen, die erschaffen wurden, waren nicht-physische Formen von Licht, Ton und Geruch. Wenn du dich auf diese nicht-physischen Vibrationsformen konzentrierst, erhebst du dein Bewusstsein in eine höhere Dimension. Das ist der Grund, warum sich Töne und Licht auf dichtere physische Vibrationsformen wie zum Beispiel menschliche Körper und die Steine im Tempel auswirken und sie bewegen können.

Vibrationen können langsam oder sehr schnell sein. Die höheren sind leichter, daher sind sie in der Lage zu levitieren und die so genannten Gesetze zu transzendieren, denen alle physische Materie unterliegt, die in einer wesentlich langsameren Geschwindigkeit vibriert. Menschliche Emotionen sind wie das Spektrum der Farben in Regenbögen aus Licht. Die heißen und warmen Nuancen wie Rot und Orange haben die langsamste und dichteste Schwingung, genau wie die heißen Emotionen der Wut und Eifersucht; während die kühleren Farben die höchsten, schnellsten und leichtesten Schwingungen besitzen, vergleichbar den kühlen Emotionen des Friedens und der Seligkeit.

Versuch es selbst einmal und chante das Ah», schlug die Stimme vor.

Verlegen sah ich mich um. Hoffentlich hörte mich niemand im Palast, wenn ich den Ratschlag der Stimme befolgte. Nicht nur wäre es mir peinlich, entdeckt zu werden, sondern ich machte mir auch Sorgen darüber, die gefährlichen Geheimnisse zu verraten, die zu Hirams Ermordung geführt hatten.

Die Farben, die um mich herum wirbelten, veränderten sich von einem angenehmen Weiß-Blau zu einer hässlichen Nuance aus Gelb, gemischt mit Grau. Ich fragte mich, ob Nebel aufgekommen war, doch die Stimme sagte: »Die Farben deiner Emotionen sind immer jenen sichtbar, die sich die Erlaubnis geben, Energien zu sehen und zu fühlen. Du blockierst diese Fähigkeit in dir, weil du die Wirkung nicht anerkennen willst, die niedere Emotionen auf dich ausüben, wie zum Beispiel die Sorgen und Verlegenheit, die du soeben empfunden hast.«

Die Stimme forderte mich auf, tief ein- und auszuatmen und mir dabei eine glückliche Erinnerung ins Bewusstsein zu rufen. Ich war überrascht zu sehen, dass mir als erstes der Tag in den Sinn kam, an dem Salomon und ich im Park waren, lachten und Blumen pflückten. Während ich dieses romantische Bild vor meinem geistigen Auge sah, war ich von einem wunderschönen purpurfarbenen, grünen und blauen Licht umgeben, das mich von Kopf bis Fuß einhüllte.

»Und jetzt sag *Ahhhh*«, leitete mich die Stimme freundlich an. Anstatt mir Sorgen zu machen, folgte ich dieses Mal ihrer Führung und beobachtete, wie die Farben um mich herum in ständig wechselnden Schattierungen von königlichem Purpur und strahlendem Blau, gemischt mit silbernen und weißen Funken, durcheinander wirbelten. Mein Herz war von Wärme erfüllt, und meine Schultern und mein Bauch entspannten sich so tief wie schon seit Jahren nicht mehr. Ich fühlte mich so froh und heiter, dass ich tatsächlich laut zu lachen begann!

Mein Lachen prallte gegen die Seiten des Hügels und hüpfte mit einem tiefen Widerhall, vielleicht eine Oktave unterhalb des ursprünglichen Tons, als Echo zu mir zurück. Ich blickte auf meine Brust hinunter und sah, dass meine Drachenblutkette fröhlich auf- und abhüpfte, im Gleichklang mit den hohen Vibrationen meines Lachens und Singens.

»Herzlichen Glückwunsch«, sagte die Stimme. »Du hast den Schöpfer gefunden«

19. Kapitel

Ich musste unbedingt mit Salomon reden. Ich nahm an, dass er sich in seinen Gemächern aufhielt, wie es normalerweise jeden Morgen um diese Zeit der Fall war. Seine Wachen ließen mich vorbei – mittlerweile hatten sie sich an meine Anwesenheit im Palast gewöhnt. Salomons Teetasse, die auf einem Tisch neben seinem Sessel stand, war noch warm, doch er war nicht da.

»Michael! Metatron! Mutter!«, rief ich. »Wo ist Salomon?«

Michael erschien als erster. »Folge mir«, sagte er und nickte mir zu.

Wir gingen einen langen Korridor hinunter, der an einer Tür endete, die zu einem schmalen Weg nach draußen führte. So wie es aussah, schien der Weg nicht oft benutzt zu werden, da das Unkraut zwischen den Steinen offensichtlich lange nicht entfernt worden war. Wir stiegen eine sehr unebene Treppe hinab, bis wir zu einem großen Gebäude kamen, das ich noch nicht gesehen hatte.

Nachdem er die Tür geöffnet hatte, legte Michael seine Hand auf meine Lippen und deutete an, dass ich still sein sollte. Das laute Geräusch von Männern, die sich stritten, war das erste, was wir hörten. Salomon, der auf einer sehr hohen Plattform hinter einem riesigen Schreibtisch aus Holz saß, lauschte ihnen aufmerksam. Michael und Metatron standen jeweils rechts und links von ihm und flüsterten ihm ins Ohr.

Ich drehte mich um und sah verblüfft, dass Michael nicht mehr an meiner Seite, aber immer noch bei mir war. Ich sah noch einmal hin, um sicherzugehen, dass die Gestalt, die ich neben Salomon gesehen hatte, tatsächlich Michael war. Der Erzengel grinste über das ganze Gesicht und kommunizierte mir ohne Worte, dass seine Fähigkeit, vielen Menschen gleichzeitig zu helfen, unbegrenzt war. Aus irgendeinem Grund fand ich diese »Mr. perfekter Erzengel«-Fähigkeit irritierend, bis Michael mir zu verstehen gab, das auch ich – und jeder Mensch – unbegrenzte Fähigkeiten besaß.

»Du erfährst Einschränkungen, weil du glaubst, eingeschränkt zu sein«, lautete seine rätselhafte Erklärung.

Ich beschloss, später über Michaels tiefschürfende Äußerung nachzudenken. Im Moment wollte ich mich auf Salomons erstaunliche Kraft, sein Licht und seine männliche Energie konzentrieren, als er entschied, wer von den anwesenden Bauern tatsächlich der Besitzer einer umstrittenen Weide war. Der König hatte noch nie so gut ausgesehen wie in diesem Moment, was in mir den Wunsch weckte, ihn hier und jetzt zu küssen.

Salomon schlug mit seinem richterlichen Hammer laut auf sein Pult und signalisierte, dass sein Urteil – dass der Bauer die Arbeit auf dem Feld und die Ernte mit den anderen teilten sollte – endgültig war. Die Männer verließen lächelnd den Gerichtssaal, und ich war stolz auf Salomon, dass er diesen Streit so weise beigelegt hatte.

»Das macht er jeden Tag«, kommentierte Michael, »oftmals, ohne sich überhaupt unsere Meinung anzuhören.«

Das Herz schlug mir bis zum Hals, als ich merkte, dass die Anziehung, die ich für diesen erstaunlichen König fühlte, immer stärker wurde. Besorgt fragte ich mich, ob mein Zögern hinsichtlich seines Heiratsantrages ihn vielleicht abgeschreckt hatte. Ich wollte ihn auf keinen Fall verlieren!

Salomon bemerkte meine Anwesenheit im Hintergrund des Gerichtssaals. Als ich seine Augen und sein Lächeln bemerkte, verflog jede Unsicherheit. Ich war mir sicher, *er liebte mich noch immer!*

Er kam auf mich zu und sah sehr eindrucksvoll aus in seinem richterlichen Gewand. »Makeda!«, sagte er zärtlich. »Ich habe gerade an dich gedacht!« Salomon begleitete mich vorbei an den Gerichtshelfern, die zu tuscheln begannen. Ich merkte, dass ich die einzige Frau in dem Gebäude war. Ich wollte Salomon bestimmt keinen Skandal bescheren!

»Mach dir keine Sorgen über Leute, die klatschen und damit nur Unfrieden stiften. Wer immer seinen Mund und seine Zunge im Zaum hält, erspart seiner Seele viele Probleme«, beruhigte Salomon mich, als er die Tür zu einer privaten Gartenterrasse hinter dem Gerichtsgebäude öffnete, die von hohen Mauern umgeben war. »Ich wollte gerade mein Mittagsmahl einnehmen. Bitte sei mein Gast.«

Ich sah hinauf zur Sonne und wusste, dass es fast Zeit für die Nachmittagszeremonie war, doch ich wollte viel lieber bei Salomon bleiben und ihm von meinen neu aufgekommenen Gefühlen erzählen.

Vergebt mir, Almaqah und Tamrin, dachte ich, als ich zu Salomon sagte: »Ja, ich freue mich, dir beim Essen Gesellschaft zu leisten!

Während wir ein einfaches Mahl und frischgepressten Saft zu uns nahmen, hörte ich zu, wie Salomon mir von den Rechtsfällen berichtete, die er an diesem Morgen entschieden hatte. Einige dieser Fälle kamen mir so lächerlich vor, dass ich über die Beschreibungen des Königs lachen musste, doch er zeigte jedes Mal Mitgefühl für die darin verwickelten Personen, egal wie weit hergeholt der Antrag des Klägers schien.

»Deine eigene Seele wird genährt, wenn du sanftmütig und mitfühlend bist. Wer immer sanftmütig ist, ehrt damit Adonai«, erklärte der König.

»Du bist ein sehr freundlicher und erstaunlicher Mann, Salomon«, sagte ich, und meine Stimme zitterte.

Salomon erriet die Ursache für meine Nervosität, und aus echtem Mitgefühl heraus hielt er meine Hände so fest in den seinen, dass ich die Worte nicht mehr selbst aussprechen musste.

»Makeda«, meinte er, indem er meine Hände küsste und auf sein Herz legte. »Fühlst du dieses Schlagen in meiner Brust? Mein Herz schlägt für dich allein. Bitte sage, dass du mich heiraten wirst, damit es für den Rest meiner Tage so glücklich schlagen kann.«

Mein Mund fühlte sich trocken an. »Ja«, flüsterte ich mit kaum hörbarer Stimme.

Salomons Lippen öffneten sich, und mit einer leichten Drehung seines Kopfes hauchte er die Frage: »Hast du soeben ›Ja‹ gesagt?« in mein Ohr.

»Ja«, erwiderte ich strahlend. »Ja, ich *will* dich heiraten. Ich werde deine Frau sein!«

Salomon hob mich mit solcher Kraft und Schnelligkeit hoch, dass ich dachte, es sei meine Freude, die mir den Boden unter den Füßen wegnahm und mich durch die Luft wirbelte. Wir hielten uns eng umschlungen und küssten uns. Die Sonne stand genau über uns, und ich konnte die Musik hören, die aus dem Palastgarten erklang und unsere Nachmittagszeremonie begleitete.

»Es wird eine Hochzeit geben!«, kündigte Salomon an, als er mich auf seinen Händen in den Gerichtssaal trug.

Die Männer applaudierten und riefen begeistert: »Lang lebe König Salomon und die Königin von Sheba!«

Die Köpfe und Herzen aller Anwesenden schienen angesichts unserer frohen Kunde plötzlich von jeglichem bösen Klatsch gereinigt zu sein. Alles fühlte sich einfach wunderbar und richtig an.

* * *

Der Pfad zwischen dem Gerichtsgebäude und den Gebäuden des Palastes wurde offensichtlich selten benutzt, da Salomon für diese kurze Entfernung seinen von Pferden gezogenen Streitwagen bevorzugte. Der König liebte es, auf Streitwagen zu reiten, vergleichbar den Knaben überall auf der Welt, die mit Begeisterung auf ihren kleinen hölzernen Wagen fahren.

Salomon winkte den Vorbeikommenden feierlich mit einer Hand und hielt mich mit der anderen zärtlich an sich gedrückt. Der Gedanke gefiel mir nicht sonderlich, dass unser ganzes eheliches Leben in der Öffentlichkeit stattfinden würde, doch merkte ich schnell, dass Salomons Begeisterung nicht gebremst werden konnte. Ich erinnerte mich an die Lektion, die ich in der vorangegangenen Nacht über höher vibrierende Emotionen bekommen hatte, die klare und strahlende Farben erzeugten, also beschloss ich, mich zu entspannen und meinem Enthusiasmus zu erlauben, für Salomon und die Menge zu strahlen, die uns zuwinkten, als wir uns dem Speisesaal des Palastes näherten.

Ich konnte fröhliches Plaudern und das Geräusch von Bestecken hören, die über Teller kratzten, als ich an der Seite von Salomon, der mir die Tür geöffnet hatte, den Speisesaal betrat. Ein hochgewachsener Mann, der im selben Moment den Raum verließ, rempelte mich an, und erst als ich mich von ihm freigemacht hatte, merkte ich, wer es war.

»Tamrin!«, entfuhr es mir verblüfft.

Meine Königin«, flüsterte er eindringlich. »Ich muss mit Euch sprechen.« Er wandte sich zu Salomon und fügte hinzu:

»Allein.« Tamrins Gesicht war rot und sein Körper wie erstarrt, als er sich abrupt umdrehte und auf Sarahil zueilte, die draußen wartete.

Ich tat so, als hätte ich Tamrins aufgebrachtes Verhalten nicht bemerkt, und wandte meine Aufmerksamkeit wieder der angenehmeren Aufgabe zu, Salomon zu seinen privaten Gemächern zu begleiten, damit wir mit den Planungen für unsere Hochzeit beginnen konnten.

Wir gingen an Tamrin und Sarahil vorbei, die mir beide mit dringlichen Zeichen zu verstehen gaben, ich solle zu ihnen hinüberkommen.

»Liebling, würdest du mich bitte für einen Augenblick entschuldigen?«, sagte ich zu Salomon und küsste ihn auf die Wange. In meinen Augen sah er jetzt noch besser aus als je zuvor. »Tamrin und Sarahil haben wahrscheinlich bereits von der Hochzeit gehört. Ich werde später in dein Zimmer kommen.«

Meine beiden Vertrauten nahmen mich in ihre Mitte und gingen mit mir zu einem kleinen Alkoven im Korridor, wo wir ungestört waren. Entrüstet wollte Tamrin von mir wissen, warum ich an diesem Tag nicht an der nachmittäglichen Zeremonie teilgenommen hatte. »Wir haben uns Sorgen gemacht, Königin Balkis!«, flüsterte er eindringlich. »Ihr seid unsere Königin, und Ihr handelt wie ein Schulmädchen, dass die Schule schwänzt, um sich mit seinem Liebsten zu vergnügen!«

Ich sah Tamrin an. War er etwa eifersüchtig? Hatte er das Gefühl, mich zu verlieren, die ich für ihn wie eine Nichte war? Ich umarmte ihn und Sarahil, um sie zu beruhigen, und erzählte ihnen von der geplanten Hochzeit.

Tamrin drehte mich zu sich um und schaute mir direkt und so tief in die Augen, dass ich mich wand, so als würde mein eigener Vater mich schuldig sprechen. Ich musste schlucken, als Tamrin sagte: »Doch Ihr wisst, dass die Gesetze von Sheba Euch nicht gestatten zu heiraten, meine Königin! Ihr seid bereits und für alle Zeiten mit unserem Sonnengott vermählt, Almaqah, dem Ihr heute große Missachtung entgegengebracht habt.«

Wie konnte ich Tamrin erklären, dass ich beschlossen hatte, zum Judaismus überzutreten und den Schöpfer auf die gleiche Weise zu ehren, wie Salomon es tat – doch dass ich dennoch irgendwie die Sonne, den Mond und die Sterne ehren würde, ohne sie ihrer Göttlichkeit zu berauben? Seine Augen sagten mir, dass ich ihm diese Entscheidung noch nicht gestehen konnte. Noch nicht.

»Und es gibt noch mehr, meine Königin«, sagte Tamrin, während er mich zu einer Bank führte und mir zu verstehen gab, ich möge mich setzen. Ich schluckte. »Wir haben soeben erfahren, dass es in Sheba zu ernsten Unruhen gekommen ist. Das Volk ist verunsichert und weiß nicht, ob Ihr jemals zurückkehren werdet, da ihm Gerüchte zu Ohren gekommen sind, dass Ihr für immer in Jerusalem bleiben wollt. Man munkelt von einer Übernahme des Reiches durch König Salomon! Ich muss mich um meine Handelsrouten kümmern, und es steht fest, dass wir alle umgehend nach Sheba zurückkehren müssen.«

Mir wurde schwindelig, als ich Tamrins Worte hörte. Ich hatte nicht gemerkt, dass meine Heirat so viele Probleme aufwerfen würde, wie zum Beispiel die Frage: *Wo werde ich leben?* Ich konnte zwar meinen Sonnengott-Gemahl verlassen, nicht aber die Menschen von Sheba.

»Wann müssen wir abreisen, Tamrin?«, fragte ich beklommen. Ich hatte Angst vor der Antwort.

»Gleich morgen früh.«

20. Kapitel

»Makeda, meine Liebe, was ist los?« Nach meiner Unterredung mit Tamrin war ich in die Gemächer Salomons gerannt und hatte mich atemlos in seine Arme gestürzt.

Ich schluchzte so sehr, dass ich nicht sprechen konnte. Ich liebte Salomon und wollte für immer in seinen Armen sein. Und mein Wunsch könnte Realität werden, wenn ich bereit war, mein Reich mit allen Menschen darin irgendeinem egomanischen Despoten zu überlassen, der meine Abwesenheit ausnutzen und mein Land besetzen würde. Das war etwas, das ich den guten Bürgern von Sheba nicht antun konnte. Mein Vater und ich hatten zu lange und zu hart daran gearbeitet, eine blühende, friedliche Nation aufzubauen, wo die Bedürfnisse jedes Einzelnen erfüllt und die Menschen glücklich und zufrieden waren.

Zum Glück waren die Erzengel bei Salomon und mir, um unseren Schmerz erträglicher zu machen, als uns klar wurde, dass wir getrennte Wege gehen mussten. Salomon und ich waren in jeder Beziehung Seelengefährten: Wir wurden beide in eine königliche Familie hineingeboren, hatten nach dem Tod unseres Vaters die Krone geerbt, waren leidenschaftlich an Spiritualität und Frieden interessiert und erfüllten unsere Lebensaufgabe und unser Schicksal … egal was geschah.

Obgleich die Situation Salomon offensichtlich erzürnte und schwer erschütterte, war er in der Lage, sie philosophisch zu betrachten. Die Tatsache, dass er sein Leben lang mit schwierigen Situationen umgegangen war, zahlte sich aus.

»Dann werden wir eben heute heiraten!« Salomon erhob sich und verkündete diesen Entschluss, als würde er zu einem Publikum sprechen, obwohl außer uns beiden niemand im Raum war.

Er nahm meine Hand. »Lass es uns jetzt tun!«, rief er aus, als er mich eilig aus seinem Gemach und den Korridor hinunterzog.

»Wohin gehen wir?«, fragte ich.

»Zum Tempel!«, antwortete er, als wir beide in seinen kostbarsten Streitwagen sprangen. »Wir heiraten!«, rief er zum Entzücken der Vorbeigehenden immer wieder aus.

Ich war froh, dass ich am Morgen eines meiner neueren Gewänder angezogen hatte, dessen Ausschnitt die Kette mit dem Drachenblutstein betonte, den mein Vater mir gegeben hatte – bei dem Gedanken an ihn kamen mir die Tränen.

»Vater!«, weinte ich. »Wie sehr wünschte ich, dass du heute hier sein könntest! Und auch du, Mutter, wärest du doch nur hier!«

Plötzlich stieg mir ein vertrauter Geruch in die Nase, und ich sah, dass Vater, Mutter, Hiram und meine süße Katze Abby bei mir waren. Tränen stiegen mir in die Augen, als ich ihre Anwesenheit spürte und erkannte, dass meine geliebte Katze während meiner Abwesenheit gestorben war. Ich vermisste Vater, Abby und mein Zuhause in Sheba so sehr! Nun, wenigstens waren sie jetzt alle von ihrem himmlischen Aussichtspunkt aus bei mir.

Salomon drückte mich fest an sich, als ich mir mit der Innenseite meines Ärmels die Tränen wegwischte. Ich fragte mich, wie ich in diesem Augenblick wohl aussehen mochte und war dankbar, dass Salomon mir das Gefühl gab, schön zu sein, auch wenn ich mich wie auf einer emotionalen Achterbahn fühlte und sicher war, dass dieses Auf und Ab nicht unbedingt zu meiner Attraktivität beitrug.

Der Streitwagen hielt mit einem Ruck. Wir sprangen heraus und liefen die Stufen zum Vorhof des Tempels hinauf. Salomon rief nach dem Hohepriester. Jemand fand ihn, und wir standen zwischen den beiden Säulen, während der erschrockene Priester ein paar improvisierte Gebete sprach und uns aufforderte, einen *ketubah* – einen Ehevertrag – zu unterzeichnen, in dem Salomon versprach, mich zu lieben, zu ehren, zu unterstützen und treu für mich zu sorgen.

Dann erklärte der Hohepriester uns zu Mann und Frau. Salomon nahm den Ring von seinem Finger und ließ ihn auf meinen gleiten. Wie durch Zauber passte er perfekt auf meinen linken Ringfinger. Ich hörte ein kreischendes Geräusch aus der Luft, und als ich nach oben schaute, sah ich den Hoopoe-Vogel, der über uns kreiste. Ich hätte schwören können, dass er lächelte!

Sanft zog Salomon mich an sich und sagte: »Meine Liebe, meine Braut, ich werde dich nie verlassen. Unsere Seelen werden für immer zusammen sein, und ich werde dich in alle Ewigkeit lieben.« Dann schloss er seine Augen, lächelte mich glücklich an und küsste mich zärtlich und gleichzeitig voller Leidenschaft.

Wie sehr ich mir wünschte, Salomon könnte mich von meinem Dilemma erlösen, nach Sheba zurückkehren zu müssen. Wenn nur die Erzengel ihre Magie anwenden und die Zeit verlangsamen könnten, damit sich dieser eine Tag, der uns verblieb, zu einer Ewigkeit ausdehnen würde.

* * *

Diener brachten köstliches, dampfendes Essen in das Vestibül vor Salomons Schlafgemach, wo wir an einem wunderschön geschnitzten Tisch saßen und das Essen auf gepolsterten Liegesesseln zu uns nehmen konnten. Salomon lachte, als ich ihn mit Bissen von Reis, Gemüse und Bohnen fütterte und dabei ein wenig Sauce an seinem Kinn herabtropfte. Ich küsste den Tropfen weg.

Die Tür fiel mit einem dumpfen Geräusch ins Schloss, als der letzte Diener auf leisen Sohlen den Raum verließ. Endlich waren wir allein. Und plötzlich spürte ich, wie wild mein Herz schlug, als ich an unsere bevorstehende Hochzeitsnacht dachte. Zuerst wollte ich ein Bad nehmen.

Wie immer war Salomon auch jetzt fürsorglich, liebevoll … und offensichtlich übersinnlich begabt, da er mir anbot, seine riesige Badewanne mit Blumen und anderen kostbaren Essenzen zu füllen, damit ich mich in dem duftenden, warmen Wasser entspannen konnte. Dankbar nahm ich seinen Vorschlag an und fragte mich, ob ich mich vor seinen Augen ausziehen oder schüchtern warten sollte, bis das Wasser eingelaufen war. Salomon nahm mir die Entscheidung ab, indem er mir einen angewärmten, kuscheligen Bademantel anbot. Seinen Blicken verborgen, schlüpfte ich im Schutz des Bademantels aus meinem Kleid, nur Zentimeter von Salomons Atem entfernt. Er konnte mich nicht sehen, doch wir konnten beide die Erregung des anderen fühlen.

Nachdem der König das Badezimmer verlassen hatte, ließ ich mich in das köstlich warme Wasser gleiten. Der Duft der im Wasser schwimmenden Jasminblüten vermischte sich mit dem der kostbaren Öle, die nach einem Geheimrezept hergestellt waren. Ich schloss meine Augen, atmete tief aus und war endlich in der Lage, mich nach dem rasanten Tempo und den schwindelerregenden Ereignissen dieses Tages zu entspannen.

»Ist alles bei dir in Ordnung, mein Liebling?«, rief Salomon aus dem angrenzenden Zimmer.

»Mmm«, schnurrte ich behaglich.

Die Lichter wurden schwächer, bis ich nur noch eine Kerze sehen konnte, die durch den Raum zu schweben schien, bis ich erkannte, dass Salomon es war, der sie in der Hand hielt. Er setzte sich auf den Rand der Wanne und hielt den Bademantel vor mich, damit ich mich dahinter ungesehen mit einem seiner flauschigen, herrlich weichen Badetücher abtrocknen konnte.

Nachdem ich den Gürtel des Bademantels um meine Taille festgebunden hatte, griff Salomon nach meiner Hand, als wollte er mir eine Überraschung zeigen. Das Schlafzimmer leuchtete im Schein Dutzender roter und weißer Kerzen, die wie Sternenlicht flackerten. Er reichte mir eine schöne, geschnitzte Schachtel und sagte: »Für dich, meine anbetungswürdige Braut.«

Als ich den Deckel anhob, stockte mir der Atem beim Anblick einer herrlichen Tiara aus feinstem ziselierten Gold. Ich nahm sie heraus, und im Licht der Kerzen funkelten ihre Diamanten, Rubine, Smaragde und Saphire um die Wette. »Das ist deine Krone, Königin meines Herzens«, sagte er zärtlich. Ich schaute in den Spiegel und sah, dass mein Gesicht auf eine Art glühte, wie ich es seit meiner Jugend nicht mehr erlebt hatte.

»Du siehst unglaublich hinreißend aus«, bemerkte Salomon, als er sich auf den Rand des großen, mit seidenen Kissen üppig dekorierten Bettes setzte. Es hatte sogar noch mehr Kissen als mein Bett in Sheba, falls das überhaupt möglich war!

Mein wunderbarer Gemahl behandelte mich so sanft, wie ich es mir nur hätte wünschen können! Weder bestand er darauf, dass ich in sein Bett kam, noch manipulierte er mich, sondern ließ mir stattdessen die Wahl, ob ich die Nacht in einem angrenzenden Gästegemach verbringen wollte. So sehr ich unsere Ehe auch vollziehen wollte – es war alles so schnell gegangen, dass ich nicht das Gefühl hatte, überhaupt *in* meinem Körper zu sein! Mein Geist schien irgendwo im weiten Raum zu schweben, so als befände ich mich in einem angenehmen, aber immer noch unwirklichen Traum. Und außerdem waren unser beider Herzen von Trauer erfüllt angesichts der Erkenntnis, dass unsere Wege sich am Morgen trennen würden.

Salomon deckte mich in dem weichsten Bett, auf dem ich je gelegen hatte, sanft zu, und trotz meines Wunsches, diesen letzten gemeinsamen Abend in Jerusalem mit meinem neuen Ehemann zu genießen, schlief ich sofort ein. Wie grausam und ironisch, dass ich so viel Zeit mit Salomon verbracht hatte und erst jetzt erkannte, wie sehr ich ihn liebte!

In der Stille der Nacht wachte ich mit großem Durst auf. Das scharfe Essen, das Salomon und ich am Abend genossen hatten, hatte meine Kehle ausgetrocknet! Ich suchte im Dunkeln, bis ich auf dem Nachttisch den Wasserkrug ertastete, doch er war leer. Salomons Diener hatten nicht mit einem Gast gerechnet, daher hatten sie den Krug nicht aufgefüllt.

Ich stolperte in dem dunklen, unvertrauten Zimmer umher wie ein Mensch in der Wüste, der verzweifelt nach Wasser sucht. Ich hielt meine Hände ausgestreckt vor mir, tastete mich an Wänden entlang und setzte vorsichtig einen Fuß vor den anderen, um meinen Weg zu finden. Das laute metallene Geräusch eines Messingbehälters, der auf den Boden gefallen war, riss Salomon aus dem Schlaf, und er seufzte: »Ja, was gibt es?«

Der Klang seiner Stimme wühlte mein Herz auf, doch im Augenblick war mein Durst wichtiger. »Es tut mir leid, Liebling. Ich bin nur auf der Suche nach ein wenig Wasser.«

Salomon setzte sich auf und entzündete eine Kerze, damit ich ihn in der Dunkelheit sehen konnte. Es wäre nicht nötig gewesen, da ich seine unglaublich starke Präsenz fühlen konnte.

»Hier, mein Engel«, sagte er und hielt ein großes Glas mit Wasser an meine Lippen. Ich ließ mich auf dem Rand seines Bettes nieder und erfrischte meinen Mund und meine Kehle mit dem köstlichen Nass. »Möchtest du noch mehr?«, fragte Salomon und griff nach einem vollen Wasserkrug.

Dankbar nickte ich und hielt ihm mein leeres Glas hin, damit er es auffüllen konnte. »Das Essen war scharf«, bemerkte Salomon. »Ich habe heute Nacht auch Durst gehabt.« Er sah mich aus seelenvollen Augen an, und ich wusste, dass wir beide uns wünschten, dass ich nicht am nächsten Morgen nach Sheba zurückkehren musste. Doch Salomons königliche Erziehung hatte ihn Respekt für die Pflicht gelehrt, die meine umgehende Abreise erforderte.

Eine Träne rann über die linke Wange seines herrlichen Antlitzes, das ein Königreich inspiriert hatte, die Wunder und Verzückungen des Schöpfers zu schätzen. Ich küsste die Träne, seine Wangen und dann seine Augen. Salomon lächelte, doch ich konnte sein Herz fühlen, das schwer vor Einsamkeit war. Und endlich fanden wir einander, wie in einem Traum, aus dem wir beide zu bald erwachen würden.

Ich weiß nicht, wer von uns beiden sich in dieser Nacht zuerst auf das Bett legte. Alles, woran ich mich erinnerte, ist, wie wundervoll sich seine warme Haut an meinem Körper anfühlte. Wir schliefen nicht mehr in dieser Nacht. Wir konnten es nicht.

* * *

Der Lärm geschäftiger Männer weckte uns am Morgen und erinnerte uns daran, dass wir uns bald trennen würden. Salomon und ich schluchzten beide, als wir einander in den Armen lagen und unsere Herzen angesichts der Ungerechtigkeit, unser persönliches Vergnügen der Pflicht unterordnen zu müssen, zu zerbrechen drohten. Wir hätten ohne Weiteres Wochen zurückgezogen und ungestört in seinem Schlafzimmer verbringen können, hätte ich Tamrin nicht versprochen, gleich nach dem Frühstück abreisebereit zu sein. Ein kleiner Trost war die Tatsache, dass ich meine letzte Mahlzeit in Jerusalem gemeinsam mit Salomon in seinen Privatgemächern einnehmen konnte.

Wie eine Frau, über deren Kopf ein Todesurteil schwebt, genoss ich einige meiner Lieblingsspeisen, so als wären sie die letzten Bissen, die ich in meinem Leben zu mir nehmen würde. Und sie hätten es ohne Weiteres sein können, da ich nicht wusste, wie ich jemals wieder ohne Salomon an meiner Seite leben konnte. Doch waren wir beide durch Pflicht an unseren jeweiligen Thron und an unsere Lebensaufgabe gebunden, unseren Ländern eine Zeit des Friedens und Wohlergehens zu sichern.

Sarahil brachte mein Reisekleid in Salomons Schlafzimmer, damit ich jede letzte Minute mit ihm verbringen konnte. Ich ging wie in einem Nebel zu der wartenden Karawane, wo Tamrin mit lauter Stimme seinen Männern Befehle erteilte, Vorräte auf den Rücken der Esel und Kamele festzuzurren. Irgendwie kehrten wir mit mehr materiellen Besitztümern nach Sheba zurück, als wir ursprünglich mitgenommen hatten … doch ließ ich dafür mein Herz zurück.

Als wir ein letztes Mal voreinander standen und uns tief in die Augen sahen, wollte ich Salomon von meinen Gefühlen erzählen. Doch er legte seinen Zeigefinger auf meine Lippen, als wollte er sagen: *Es bedarf keiner Worte. Ich weiß. Ich fühle genauso wie du.* Ich war erleichtert, dass er verstand. Es gab keine Worte, die ausdrücken konnten, wie mein Herz vor

Freude darüber erfüllt war, dass ich ihn geliebt hatte … oder wie überwältigend die Trauer war, ihn verlassen zu müssen.

Tamrin rief nach mir, damit ich meine Sänfte bestieg, während Sarahil nervös zwischen mir und der Karawane hin- und herrannte.

Ich drehte an meinem Ehering und starrte auf seinen sechszackigen Stern und die darin eingesetzten Kristalle. Salomon hielt den Ring an mein Herz, und wir beide seufzten tief.

»Ihr werdet für alle Zeiten miteinander verbunden sein«, sagte eine Stimme. Wir schauten nach oben und sahen die Erzengel Michael und Metatron, wie sie zwischen uns schwebten und auf einen Tunnel aus wirbelndem rosafarbenem, grünem und purpurfarbenem Licht deuteten. Er war wie eine Brücke, die unser beider Körper verband, ein Strom aus Licht, der zwischen unseren Herzen floss. »Ihr werdet einander immer lieben und eure Liebe durch dieses Band aus Licht fühlen«, erklärten die Erzengel.

Als unsere Karawane nach Sheba aufbrach, zog ich die Vorhänge meiner Sänfte zurück und schaute nach draußen. Salomon ging neben mir. Ich reichte ihm meine Hand, und er ging neben uns her, hielt meine Hand in der seinen, bis wir weit jenseits der Zitadelle des Palastes waren. Seine Wachen beugten sich besorgt über ihn, als der große König von Schluchzern geschüttelt zusammenbrach. Auch ich begann bei dem Gedanken bitterlich zu weinen, dass meine Handlungen ihm solch großen Schmerz zugefügt hatten …

Plötzlich füllte sich die Sänfte mit Licht. Mein Herz schlug schneller, und in meinem Bauch kribbelte es. Instinktiv legte ich schützend meine Hand über meinen Leib.

Plötzlich war ich von köstlicher Hoffnung erfüllt. Neues Leben kündigte sich an … ich fühlte es!

Nachwort

Neun Monate, nachdem Makeda Jerusalem verlassen hatte, schenkte sie einem wunderschönen und sehr klugen Knaben das Leben, den sie Menelik nannte. Ihr Herz war geheilt, als sie ihre Tage der Erziehung ihres Sohnes widmete.

Während der ersten Jahre nach ihrem Weggang aus Jerusalem brachte der Hoopoe-Vogel ihr Liebesgedichte, die Salomon für sie geschrieben hatte. Makeda las diese Verse Menelik vor, damit er die künstlerische Kreativität seines Vaters und seine Klugheit schätzen lernte, doch nach ein paar Jahren hörte der Vogel auf, Briefe des König zu überbringen.

Als Menelik zu einem jungen Mann herangewachsen war, wollte er seinen Vater kennenlernen. Unter Zögern bereitete Makeda ihren Sohn auf die Reise nach Jerusalem vor. Sie hatte sich schon lange nicht mehr der Djinn-Magie bedient und daher Menelik nicht gelehrt, wie er sich mit Lichtgeschwindigkeit fortbewegen konnte. Stattdessen musste er sich einer Karawane anschließen.

Menelik war seinem Vater Salomon wie aus dem Gesicht geschnitten, daher wusste Makeda, dass er im Palast willkommen geheißen würde. Doch um sicher zu gehen, gab sie Menelik ihren Ehering, damit er sich zweifelsfrei als Sohn des Königs ausweisen konnte.

Nach einer langen und mühsamen Reise stand Menelik schließlich vor den Toren des Palastes. Wie seine Mutter vorausgesagt hatte, sorgte die große Ähnlichkeit mit seinem Vater für einen Empfang, der eines Helden würdig war. Salomon kam persönlich heraus, um seinen Sohn willkommen zu heißen, und verbrachte viele Tage damit, ihn durch den Palast und den Tempel zu führen.

Menelik war jedoch traurig darüber, wie anders sein Vater war, als seine Mutter ihn beschrieben hatte. Salomon schien entschlossen zu sein, sich selbst zu zerstören, war geschwächt von wilden Ausschweifungen und der Anbetung der unzähligen Gottheiten der vielen Frauen, die er geheiratet hatte, seit Meneliks Mutter nach Sheba zurückgekehrt war. Salomon erklärte seinem Sohn, dass diese Ehen einen Weg darstellten, gute Beziehungen mit anderen Nationen zu schaffen, da die meisten seiner Frauen Töchter von Königen aus benachbarten Reichen waren. Er konnte nichts daran ändern, dass diese Frauen andere Gottheiten anbeteten, und wenn sie forderten, dass Tempel zu Ehren ihrer Götter errichtet wurden, wie konnte er ihnen diesen Wunsch versagen?

Eines Abends, nachdem er besonders viel Wein getrunken hatte, gestand Salomon seinem Sohn, dass sein Herz und seine Seele gebrochen waren und sich nie erholt hatten, nachdem Makeda ihn verlassen hatte ... und dass er die vielen Frauen geheiratet hatte, um erneut Liebe zu finden.

Menelik hörte den Worten seines Vaters mit großem Mitgefühl zu, doch war er sich auch seiner Pflichten als Prinz und Thronerbe bewusst. Als Menelik den Tempel besuchte, um Adonai zu huldigen, hörte er viele Geschichten darüber, wie Salomon seinen Glauben vernachlässigt hatte. Der Hohepriester gestand Menelik, dass die Bundeslade nicht länger von dem innern Leuchten glühte, wie es zur Blütezeit Salomons der Fall gewesen war. Der Priester fragte sich, ob die

Lade noch länger an ihren gegenwärtigen Aufbewahrungsort gehörte oder ob sie nicht besser in einem Palast untergebracht wäre, wo man sie ehren und würdigen konnte.

Salomon nahm an, dass sein Sohn in Jerusalem bleiben und als sein Erbe die Krone übernehmen würde, doch Menelik hatte seiner Mutter versprochen, nach einem Jahr zurückzukehren. Menelik war ein ehrenhafter Mann, der nie auf den Gedanken gekommen wäre, sein Wort zu brechen. Er setzte jedoch seine Diskussionen mit dem Hohepriester fort, der Menelik anbot, die Bundeslade mit nach Sheba zu nehmen. Außerdem bot er an, die Lade zu begleiten, da er der einzige Mensch war, der sich in ihrer unmittelbaren Nähe aufhalten konnte, ohne sein Leben in Gefahr zu bringen.

Als Meneliks Karawane sich Sheba näherte, lief Makeda ihrem geliebten Sohn schon von Weitem entgegen. Sie sah, dass der Hohepriester, der sie und Salomon getraut hatte, die Karawane begleitete. Ihr Wiedersehen war voller Freude, und bald danach übernahm Menelik den Thron als erster jüdischer König von Sheba, in der Gegend, die heute als Äthiopien und Yemen bekannt ist.

Menelik erinnerte sich, dass an dem Tag, als Makeda starb – viele Jahre nach dem Tod von Tamrin, Sarahil und Salomon – ein Lächeln das Antlitz seiner Mutter überzog, als sie mit einem Blick gen Himmel ausrief: »Salomon, mein Geliebter!«, und ihre Augen friedlich zum letzten Male schloss.

Quellennachweis

Ashton, A. *Harmonograph: A Visual Guide to the Mathematics of Music*, 2003. Wales: Wooden Books, Ltd.

Bialik, H.N. und Y.H. Ravitzky, Herausgeber, *The Book of Legends (Sefer ha-aggadah): Legends from the Talmud and Midrash*, 1992. New York. Schocken Books, Inc.

Brooks, M.F., *Negus: Majestic Tradition of Ethiopia*, 2002. Kingston, Jamaica: LMH Publishing, Ltd.

Brown, R.K., *The Book of Enoch, Second Edition*, 2000. San Antonio, TX: GBTS Press.

Carillet, J.-B., G. Anderson und P. Harrison: *Diving & Snorkeling in the Red Sea*, 2001. New York: Houghton Mifflin Company.

Clapp, N., *Sheba: Through the Desert in Search of the Legendary Queen*, 2001. New York: Houghton Mifflin Company.

Collins, A., *From the Ashes of Angels: The Forbidden Legacy of a Fallen Race*, 2001. Rochester, VT: Bear & Company.

Farrar, F.W., *Solomon: His Life and Times*, 2005. Boston: Elibron Classics.

Ginzberg, L., *Legends of the Jews, Volumes 1 und 2*, 2003. Philadelphia: The Jewish Publication Society.

Hall, M.P., *The Secret Teachings of All Ages: An Encyclopedic Outline of Masonic, Hermetic, Qabbalistic and Rosicrucian Symbolical Philosophy*, 1988. Los Angeles: The Philosophical Research Society, Inc.

Hamblin, J. und D.R. Seely, *Solomon's Temple: Myth and History*, 2007. London: Thames & Hudson, Ltd.

Hancock, G. und R.G. Bauval, *Talisman: Sacred Cities, Secret Faith*, 2005. London: Penguin Books, Ltd.

Hancock, G., *The Sign and the Seal*, 1992. New York: Crown Publishers, Inc.

Holy Bible: New Living Translation, Second Edition, 2004. Carol Stream, Il: Tyndale House Publishers, Inc.

Hopkowitz, Y. Y., *The Wisdom of King Shlomo: A Collection of Medrashim and Aggodot from Our Sages about King Shlomo*, 1985. Jerusalem: Hopkowitz Publishing.

Huntley, H. E., *The Divine Proportion: A Study in Mathematical Beauty*, 1970. New York: Dover Publications, Inc.

Jenny, H., *Cymatics: A Study of Wave Phenomena and Vibration*, 2001. Newmarket, NH: MACROmedia Publishing.

Jones, C.L., *The Complete Guide to the Book of Proverbs: King Solomon Reveals the Secrets to Long Life, Riches, and Honor*, 2000. Union Lake, MI: Quinten Publishing.

Josephus, F., *Antiquities of the Jews, Volumes 1 and 2*, 2006. West Valley City, UT: Waking Lion Press.

Khan, H. I., *The Mysticism of Sound and Music: The Sufi Teaching of Hazrat Inayat Khan*, 1996. Boston: Shambala Publications, Inc.

Knight, C. und R. Lomas, *The Hiram Key: Pharaohs, Freemasons and the Discovery of the Secret Strolls of Jesus*, 2001. Gloucester, MA: Fair Winds Press.

Leeman, B. *Queen of Sheba and Biblical Scholarship*, 2006. Queensland, Australia: Queensland Academic Press.

Maier, P.L., Herausgeber, *Josephus: The Essential Writings*, 1988. Grand Rapids, MI: Kregel Publications.

Mardrus, J.C. und E.P. Mathers, Übersetzer, *The Queen of Sheba*, 1924. London: The Casanova Society.

Mitchell, T.J., *Rosslyn Chapel: The Music of the Cubes*, 2006. Northallerton, UK: Divine Art, Ltd.

Patai, R., *The Hebrew Goddess, Third Edition*, 1990. Detroit: Wayne State University Press.

Pearn, N.S. und V. Barlow, *Quest for Sheba: In the Footsteps of the Arabian Queen*, 2003. London: Kegan Paul.

Phillipson, D.W., *Ancient Ethiopia*, 1998. London: The British Museumn Press.

Rappoport, A. S., *Myth and Legend of Ancient Israel, Volume 3*, Erstausgabe 1928, Neudruck 2005. Whitefish, MT: Kessinger Publishing.

Razwy, S. A. A., Herausgeber, und A. B. Ali, Übersetzer, *The Qur'an: Translation*, 1999. New York: Tahrike Tarsile Qur'an.

Schneider, M. S., *A Beginner's Guide to Constructing the Universe: The*

Mathematical Archetypes of Nature, Art, and Science, 1994. New York: HarperCollins Publishers, Inc.

Simpson, S. J., *Queen of Sheba: Legend and Reality*, 2004. Santa Ana. CA: The Bowers Museum of Cultural Art.

ditto, *Queen of Sheba: Treasures from Ancient Yemen*, 2002. London: The British Museum Press.

Tamakh: The Holy Scriptures, 1985. Philadelphia: The Jewish Publication Society.

Wallis Budge, E. A., Übersetzer, *The Kebra Nagast (The Glory of Kings)*, 2007. Rockville, MD: Silk Pagoda.

Whiston, W., Übersetzer, und P. L. Maier, *The New Complete Works of Josephus*, 1999. Grand Rapids, MI: Kregel Publications.

Allegria
2010 Festival
Meisterschaft
und Lebensfreude
Louise L. Hay
James Redfield
Brandon Bays
Doreen Virtue
Bärbel Mohr
Wayne W. Dyer
William Paul Young
Pierre Franckh &
Michaela Merten
Brian L. Weiss
Marianne
Williamson
Gordon Smith
Sonia Choquette
17.-19. September 2010
CCH - Hamburg